全国小学生校园美文精品集萃丛书

七色阳光
小少年

爱是一棵月亮树

《语文报》编写组 编

时代文艺出版社

图书在版编目（CIP）数据

爱是一棵月亮树 /《语文报》编写组编. —长春：时代文艺出版社，2018.8（2023.6重印）
（"七色阳光小少年"全国小学生校园美文精品集萃丛书）

ISBN 978-7-5387-5878-8

Ⅰ. ①爱… Ⅱ. ①语… Ⅲ. ①作文－小学－选集 Ⅳ. ①H194.4

中国版本图书馆CIP数据核字（2018）第117914号

出 品 人 陈 琛
产品总监 郭力家
责任编辑 刘 兮
装帧设计 孙 利
排版制作 隋淑凤

爱是一棵月亮树

《语文报》编写组 编

出版发行 / 时代文艺出版社
地址 / 长春市福祉大路5788号 龙腾国际大厦A座15层 邮编 / 130118
总编办 / 0431-81629751 发行部 / 0431-81629758
官方微博 / weibo.com / tlapress
印刷 / 北京一鑫印务有限责任公司
开本 / 700mm×980mm 1 / 16 字数 / 153千字 印张 / 11
版次 / 2018年8月第1版 印次 / 2023年6月第5次印刷 定价 / 34.80元

编　委　会

目 录

001

十里荷塘

多多的趣事

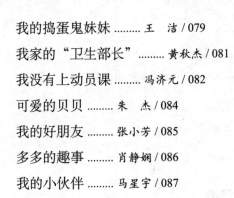

勇敢面对

姥姥门前唱大戏

星星的悄悄话

　　星星的话，把做着美梦的月亮吵醒了，月亮说："你们知道大地为什么这么亮吗？"星星们说："我们不知道。"月亮又说："因为你们的光聚集到一起，大地才变得这般亮了，如果只有孤单的一颗星星，大地怎么能变得这么亮呢？"

这个冬天很温暖

穆泓羽

冷飕飕的风呼呼地刮着，光秃秃的树木像一个个秃顶老头儿。我刚理完发，感觉浑身上下清爽了许多，但是钻到毛衣里那些又短又小的碎发，像一只只小虫子在扎着我的脖子，我照例要回家洗个热水澡。

回到家时，细心的妈妈一切准备就绪，万事俱备，只欠洗澡：取暖器早就开始工作，换洗衣服也拿好了，热水器管子里的冷水已经全部放掉，热水正哗哗流向一个大盆子里。

洗完澡，推开浴室的门，毛巾、浴巾、干净衣服安闲地卧在门口椅子上，静静等候着我。穿衣服时，我发现少了一件毛衣。唉，我真粗心，竟然忘记将它拿进浴室，还在客厅的椅子上放着呢。"妈，帮我把毛衣拿来。"我大喊道。"好，你先待在浴室别出来，等一下。"

这可不像一向做事干脆利落的妈妈的风格，我忍不住好奇，轻轻打开门，从浴室里溜出来。这一下，我看清了，妈妈站在客厅里，眉头紧锁，手捧着我的毛衣，不时地在毛衣上拍打，似乎在找着什么。我顿时明白了，她在拣去粘在我毛衣上的碎发！只见她在灯光下挑挑拣拣，又拿起来拍拍抖抖，还不时地举起毛衣对着灯光仔细找寻，生怕漏掉一个"不法分子"。她神情专注，又显得有些着急，大概还有少数碎发在"负隅顽抗"。当她终于从毛衣上揪出那个"漏网之鱼"时，我看到她拧紧的双眉舒展开来，面露微笑，阳光细细密密地洒在她的身上。这是我熟悉的表情，她确信衣服里没有残留一根碎发！

眼里好像揉进了沙子，有一种要流泪的感觉。我连忙悄悄退回浴室，生怕妈妈发现，不然她又该担心我被冻着了。虽然手脚冻得冰凉，但我胸中奔涌着一股暖流。

窗外依然寒风刺骨，但窗内却温暖如春。妈妈，您对我的爱，就像一轮冬日的暖阳，时时刻刻温暖着我。这个冬天因为有爱而温暖。

妈妈的三大"法宝"

孔祥宇

我的妈妈就像是变化莫测的大海，没事时风平浪静，发威时波澜壮阔，而且我妈妈还有三大"法宝"，让我苦不堪言。

嘘 寒 问 暖

此"法宝"一般在我写作业时施展。"儿子，渴了吗？喝点儿水吧，不喝水上火！""儿子，累了吗？出来吃点儿点心吧，早上又没吃饭！""儿子，写了这么长时间作业了，看看远处吧，你要是近视再加深就变成瞎子了！""儿子……"正当老妈准备叫第四声"儿子"时，我毫不留情地打断了她："老妈，我写作业呢！""就是因为你在写作业啊！写作业这么费脑子。来，吃个苹果。""嘘寒问暖"的老妈真是烦啊！

讽刺挖苦

这个"法宝"一般在我考不好时发功。一天晚上，我失魂落魄地拿着一张只有七十几分的卷子让老妈签字。老妈仅仅瞟了一眼，一下就急了，话匣子随即打开："怎么才考了这么点儿分？又是没检查？别给我重复这么老土的理由，每次都是这个理由，我都能倒背如流了。补习班都白上了吗？就会拿你爸你妈的钱打水漂……"我听了，恨不能找个地洞钻进去。不愧是老师，讽刺挖苦起来那叫一个牛，一看就是久经学生磨炼，最后在我身上小试牛刀，命苦啊！

004

如 来 神 掌

该"法宝"是三个法宝中威力最大的一个，一般在我不听话时运用。只听"沙沙、沙沙"，我来不及放下手中的玩物，就被老妈逮了个现行。"干什么呢？"她看到了我手边的游戏机，随之大怒，"写着作业干什么呢？我每次进来看到你不是在愣神就是在玩这个，我看你就是想砸锅！当初你爸就不该给你买这个游戏机！""怎么了，钱是我自己的，我有它的所有权！""什么，你还敢顶嘴！""啪！"妈妈的"如来神掌"打在身上。"啊！什么，你又打我！""打的就是你！""啪啪！""你……""你什么你！""啪啪啪！""呜……我错了。""哼！知道错了？""啪！""怎么还打？""打你顶嘴！""啪！""救命啊……"

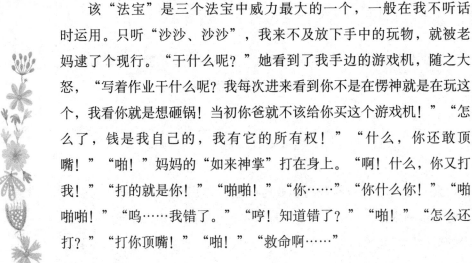

来自老妈的"嘘寒问暖""讽刺挖苦""如来神掌"，如今是我最大的烦恼！

特别的礼物

刘畅哲

呼啸的寒风猛烈地撕扯着、发泄着抑制已久的情绪。干枯的树木，像一个个秃顶老头儿，在风中战栗着，显得尴尬与无助……古城内，霓虹闪烁，灯火通明，似乎为这寒冷的季节平添了一些暖色调。

厨房内，可看到我忙碌的身影：给瓷盆里装满水，准备了一条干净的抹布，并将一条小凳子放好。问我这要干什么？在元旦这个佳节里，我要给父母和奶奶献上一份特别的礼物——清理厨房，以此传递我对他们的爱，现在万事俱备，只欠东风！

开始动工了！我首先将目标定位在靠门的一面墙上，这儿离油烟机最远，油渍相对较少，由简入难嘛！我吹着口哨，将抹布在水里浸了一浸，便在墙上毫无章法地擦起来，"布"走龙蛇，像在墙上泼墨作画，所到之处，灰尘无处可藏，全被包裹在抹布里吞噬掉了。不到十分钟，一面墙被我"解决"掉了，被沐浴的墙壁伸了伸懒腰，便散发出一股活力，洁白而透明……

我仍然保持原来的清洁方式，如法炮制地唤醒尘封一个多月的其他墙壁，我哼着小调，有些漫不经心，可谁知，更大的挑战还在后面呢！

终于轮到油烟机和后墙接受洗礼啦！我吹着口哨，打算还用老办法来处理它，但哪知道一抹一道黑，原来还比较干净的白砖反而挂了彩，染上了一条条油渍，看来只有另选良策了！

我静下心来，踩着凳子，一块砖一块砖擦，无奈它太脏，擦两次就得在水里重新浸泡才能擦。墙面与油烟机连接处的缝隙最难清理，我只好用一只手摁着墙壁，身子向前弓着。因为不太平衡，另一只手只好颤巍巍地伸向接口处，从左向右，手指尽量往里面伸，再慢慢滑过去，这样，一条缝的绝大部分油渍、灰尘就都移植到抹布上了。我和抹布已是伤痕累累，我弄得满手是油，衣服也弄脏了。唉，只可惜没戴围裙。再看看抹布，已从原来的红紫色变成了黄黑色，让人不忍直视。正准备清洗它时，却发现水已变成黑河了！我又急忙去盛清水，再擦，再换水……二十分钟后，终于大功告成了！当我把最后一盆污水倒掉，把抹布归还原处时，我的四肢已不能支撑我的身体，"咚"地瘫倒在凳子上。

这时父母回来了，奶奶也醒来了，当他们找寻到我，看见洁白的墙壁，又瞅向"战痕累累"的我，先是露出了惊诧的表情，等到他们了解真相后，全都忍不住大笑起来。我倒显得有点儿局促，只好和他们一起笑，全家沉浸在欢乐的气氛中。

爱的回音壁

吴文源

时光是温柔的，亲情也是温柔的，我们往往在收获中付出，在付出中收获，又在两者之间，得到自身的成长、心灵的丰润。

　　我轻轻拨弄着花盆里有些凋朽的枯枝残叶，看着桌上厚厚一沓新年贺卡，叹了口气，送外婆什么新年礼物好呢？朋友嘛，送贺卡暂且说得过去；可是外婆，总不能两句话糊弄过去吧？

　　外婆的电话铃声忽然响了，她系着围裙匆匆忙忙跑过，我却一下子萌发了灵感："外婆，你那个记杂事的本子在哪儿？我拿来用一下！""卧室柜子抽屉，你自己找，就在第一层！"她忙着接电话，我便自己去翻翻找找。找到了！那是一本纸页泛黄、款式老旧、印刷粗糙的本子，裹着淡淡的霉味。外婆平日里喜欢把电话号码记在这一个本子里，有时候却因匆匆忙忙，自己又识字不多，难免写得杂乱而没有规律，找起电话满本子地翻，戴着老花镜一字一字认真去看，十分费力。我所想的，就是把这些电话号码，按姓氏分类排序，找个新本子，再整理一遍。

　　事不宜迟，说写就写。我在自己的书架上，找到了一个符合要求的小本，规格适中，干净整洁，满意地开始动笔。每个字，都自尽量写得大而清晰，笔画端正，人名都注上了拼音。如此认真地去做一件事，专注誊抄着满满一本的电话号码，我竟出奇地平心静气。那些时代久远的墨迹早已干涸，甚至褪色，有些数字会潦潦草草不易看清。我便细细端详，将一个个"0"写得圆润饱满，以免与"6""9"混淆。手写酸疼了，指尖都因用力握笔而泛出白色。我也会一不小心把一串号码写差，便拿出胶带想粘去错误，但再一想，失手弄烂了纸张怎么办，于是小心翼翼地用刀一点儿一点儿细细刮去。抄完一本号码册，看着上面规整大方的字迹，难得费了许多心思气力，我都快被自己这份别致的礼物感动到了。可是还没完呢，我又往本子上贴了便签，这样便于整理，井井有条，翻阅起来也很容易。

　　没过多久，外婆就发现了我精心制作的新手抄电话本。"这是你做的？"外婆惊讶地看着我。"那是，家里数我最细心！"我得意地对她笑，也好自豪。她放下小本，走过来轻轻搂住我，有感动从眼角溢出，温暖也在蔓延……

奇思妙想的梦

郭子瑜

夜幕笼罩着大地，我洗漱后躺在了床上，甜甜地进入了梦乡。

太阳公公露出了笑脸，我一个鲤鱼翻身站了起来，发现自己在一片茂密的草原上，周边的草都比我高。"呀！我怎么在这里，我怎么这么矮？蒲公英，真漂亮！"我不由自主地赞叹道。我摘下一朵蒲公英，满心疼爱地捧在手中。一阵风吹过，我拽着蒲公英一起飞向了蓝天。

原来我是在荷兰呀！成群的奶牛，膘肥体壮的骏马，慢悠悠的风车，五彩缤纷的郁金香，让我不由自主地爱上了荷兰。

我从蒲公英上跳下来，发现那里有一群小矮人在举行篝火晚会。我连蹦带跳地跑进去。"你们好！可以让我也参加吗？"我满怀期待地说。"当然可以。"小矮人爽快地回答。我迫不及待地加入到了篝火晚会，和小矮人们一起跳起了欢快的舞蹈……

夜幕降临，我情不自禁地打了一个哈欠。"可以让我借宿一晚吗？"我满怀期待地说。"可以啊，不过你得给我们讲一个故事。"小矮人调皮地说。"从前有户农夫，见到一只受伤的蛇，决定把它带回家……"我津津有味地讲着故事，渐渐的，小矮人们进入了梦

乡……我小心翼翼地走出了草房，躺在草地上仰望着星空。

"丁零零……"闹钟响了。我坐在床上，静静地回忆着那美好的梦。荷兰！等着我来看你！小矮人，等我来找你们！

笑

栾韵祺

一包气球被杜先生买回了家，它们的花纹特别好看，杜先生迫不及待地冲下台阶，准备装扮自己的家，为自己的孩子迎接"六一"儿童节。看着房间里的气球，杜先生捧着剩下的半袋气球开心地笑了。气球剩下很多，他把多余的扔到了门口。

乞丐路过杜先生的家，一眼就看上了那半袋精美的气球。

"咦？在'六一'儿童节到来之际谁会扔掉这么多的气球呢？"他疑惑地自言自语道，索性把气球带回了家。

"看，女儿，猜猜我给你带来了什么儿童节礼物？"

"哇，好漂亮的气球！"

看到女儿这么开心，他饱经风霜的脸上现出温和的笑。

"可是太多了，爸爸，我们扔掉一些吧。"女儿说。

小半袋气球被扔到了门口。

一名小学生路过这里，他看到了那小半袋气球，他高兴地摸了摸下巴，赶紧撑起口袋将小半袋气球塞了进去。他连蹦带跳地跑到学校，飞一样地闯进教室。

"哇！好漂亮的气球！"一位同学说。

"谢谢你为班级做的贡献。"老师说道。

那位小学生抱着气球开心地笑了。"可是教室装不下了，剩下的就扔掉吧。"老师说。

一只画着笑脸的气球被扔到了外面，可是这一次没有人捡，而是飘上了天。

医院里，一位患者白血病的男孩儿望着窗外，他多么想去上学，多么想和普通人一样。突然那只气球停到了男孩儿的窗前，笑脸面对着他。他觉得这是上帝告诉他应该乐观对待自己的病，他很开心，于是将气球拿了过来，开心地笑了。

晚上他梦到自己的病治好了。和以前的同学一起在操场上跑、跳，一起在教室里快乐地聊天。这个梦他做了好久好久，梦中他笑了。

010

星星的悄悄话

孙一嘉

晚上，星星像无数颗珍珠撒在玉盘里。小红和爸爸妈妈在美丽的山上看风景，天黑了他们搭起帐篷过夜。

小红坐在嫩绿的草地上，指着天空数星星。忽然，小红看见星星张着嘴，好像在说悄悄话。

原来星星在说谁发的光最亮呢！一颗大星星说："看，我又大又圆，我是最亮的。"另一颗星星不甘示弱地说："你骗人，虽然你又大又圆可是你发的光可不一定是最亮的。我虽然小，但可是能聚光的，所以我发的光是最亮的。"其他的星星听了，争先恐后，都说自己发的光最亮。星星的话，把做着美梦的月亮给吵醒了，月亮说："你们知道大地为什么这么亮吗？"星星们说："我们不知道。"月亮又说："因为你们的光聚集到一起，大地才变得这般亮了，如果只有孤单的一颗星星，大地怎么能变得这么亮呢？"星星们想：也对呀，如果我们不团结，大地妈妈就不会变得年轻，就不能穿上银色的纱裙。

从此，星星们再也不争论谁是最亮的了，它们一心一意地散发着光芒，让大地妈妈更漂亮。

二十年后的聚会

乔奕铖

今天是2036年的"六一"，我们分别的老同学欢聚一堂，举办同学聚会。

不久，同学们都断断续续地来到小学校，他们都有了很大的变化。有的成了科学家，有的是建筑师，有的是厨师，有的是企业家。我们的原计划是先演唱《让我们荡起双桨》，回忆童年，结果大家唱得懒懒散散，他们对这项活动不感兴趣。

只好换一个计划，讲同学们的糗事。有些同学当初和谁结下了

"仇"，如今就夸大其词。比如白翔宇，他说："乔奕铖小时候还让女生欺负过……"同学们各说各的，让谁心里都不舒服。

我不得不放出我家的高科技——"书海"游泳池。神奇的地方是，比如你挑的是科学类书籍，跳进去游泳之后，它会随机挑一本与科学有关的书，在你手臂滑动之时，大脑便会把书的内容接收。我相信，同学们唯一不变的就是对阅读的热爱。不出我所料，同学们用各种泳姿徜徉在书的海洋中，尽情地享受着阅读带来的快乐。

这次同学聚会，无疑是世界上最真实、最快乐的一次聚会。

童年趣事

赵晓婧

012

每个人的童年都是五彩缤纷的，伤心的、有趣的、快乐的事不计其数，我又想起了一件童年时关于我和狗的趣事。

那天，我正在逗我家的小狗，突然有一个奇妙的想法出现在我的脑海里：为什么狗一定要用四条腿走路呢？为什么它们不能像我们人类一样用两条腿走路呢？我被自己这一奇怪的想法吓了一跳，不过我依然决定试一试。

我立刻跑进屋，找来了一根结实的绳子并打了一个结。

开始行动，我先把绳子拴在小狗的脖子上，再把绳子固定在我的手上，然后就开始训练狗狗了。

我先教小狗如何才能站起来，不过这对于刚学习用两条腿走路的它来说很困难，应该是完全做不到，于是我便拔苗助长——把绳子往上一提，小狗果然站起来了。就这样我让它站了差不多一分钟，感受了一下站立的滋味，可我将绳子一松，小狗就又四脚着地了。我又让它多练习几次，结果都失败了。我只好先跳过这一环节，教它其他东西。

我又把它提起来，教它如何往前走。但是它站在那儿一动不动的，没办法，我只好又靠自己的"方法"了。我又扯着绳子拉着它走，它才慢悠悠地一步一步往前挪，那速度简直可以和乌龟的速度相媲美了。我便加快了脚步，无奈担心小狗跟不上，也不敢走太快。终于，小狗能走得安稳了，不过，绳子一松，之前的努力就全白费了，它又四条腿走路了。它是完全不会呀，真是一只笨狗！训练了它十分钟左右，依然没有成效，我便放弃了。而教它用两条腿走路这事，也只能以失败告终了。

童年真是乐趣多多呀！无论是怎样的故事，怎样的回忆，都是我们最宝贵的财富，都令我们无限回味。

留守时光

陈玥彤

多年过去了，当看到新闻里报道的留守儿童，还会不自禁地想起那段孤独的日子，就像初春的小雪，夏日的干旱，秋末的冷雨，冬夜的严寒。

　　大概在两三岁的时候，因为父亲长时间在外地工作不能照顾我，而母亲虽然在本地工作，却也没时间陪伴，所以有半年我一直和姨妈住在一起。

　　对于一个已经记事的孩子来说，即使照看自己的人很用心，也不如父母的爱那般温暖。当时的我对于父亲的记忆是零星的，所以更多的思念是给母亲。记得那时最开心的事就是每周末母亲回到村子里来看我，有两个原因：一是真的很想她；二是在村子里仅有的小商店我也很少光临，母亲每次来都会去集市上买些吃食带来。

　　那天我定会早起，让姨妈给我梳一个漂亮的辫子，跑到二楼的阳台，那里正好可以看到村口。若是母亲来得早，在天空微泛橙光时，就可以看到她出现，然后我就会像离弦的箭一般，以最快速度跑出去迎接。有时也会待烈日当空，我睡着了之后母亲才来，每每睁开双眼，都是躺在她怀中，那种心安和温暖，怕是再多再美的文字也难以形容。

　　小孩子都是贪吃的，像我，当时村子里的小商店也就只有棒棒糖和矿泉水，还少得可怜，我爱吃糖，但姨妈毕竟不会让我经常吃，于是，善于观察的我发现了姨妈每次都是从电视机下的柜子里拿吃的。一天，趁她不注意，我也学着她的样子去找吃的，当时因为还没上学，不识字，以为自己翻出的那盒"战利品"是糖豆，就吃了下去，还好，只是板蓝根，如若是樟脑丸、老鼠药之类的，那可就危险了。

　　现在每每提起那段日子，都会谈到这些往事，母亲就会紧紧抱住我，热泪盈眶，欲言又止，而在我心中，它是时刻在我心底的一道难忘的印记。

难忘童年的空竹

余　璐

踏回了曾经成长的故乡，推开了早已布满木屑的大门，漫天的灰粒飘飘荡荡，只留下了尘埃一片。无意间瞟到一个早已掉了漆的空竹，孤独地沉寂在墙角跟里，拉起了我童年的记忆……

还记得在我们那个村，抖空竹算是一个农闲后大伙儿都非常喜欢的娱乐活动了。很多同道中人常喜欢约在谁家的大院里，围在一起耍几把空竹。空竹被爷爷用一条线、两根棒一下挑起，在线上潇洒自如地弹跳，绳和棍积极地配合着，爷爷一手抖着空竹，一手把持好平衡，时机成熟后，爷爷又扬手一抛，再加个灵巧的转身，提脚、立足，空竹又充满灵性地重新回到线上，还仍在不停地快速转动着。这还不算什么，爷爷还可以一手绑上好几串线，线上再放着几个空竹，同时跳着回旋舞，还不忘来回调换空竹的位置。不仅如此，还有鲤鱼过龙门、花式空竹跳等绝活儿，对于爷爷来说都不在话下，就因为这个，我们家变得小有名气。

看着那回旋的空竹，我也心痒想学，却被爷爷毫不留情地拒绝了，他说我只有三分钟热度，没有真正热爱空竹的心，学也是没有意义的。当时还小，不知道是什么意思，也只懂得一个劲儿地点头同意罢了。我每天跟在爷爷的身后，看着他起劲地抖空竹，我小小的手掌

015

每次都要因为鼓掌而拍到通红，那的确是最享受的时刻了。

可空竹终究还是没有追上时代的脚步，父亲和我因为生活而离开了故乡，南下发展。经过了多少年的岁月洗礼，当我再次回到这个装满了我童稚的老屋时，爷爷却因为身体原因而玩不动空竹了，那空竹也就静静地放在了墙角里，任凭岁月侵蚀。掉色了的空竹，却泛溢出了与众不同的颜色，因为它装饰着我的童年，将其打扮得绚丽多彩，它不仅蕴含着一种文化，更是一种不可替代的精神！

我怎能忘记见证了我成长的童年之物，又怎敢忘记中华之美，忘记那博大精深的艺术风采。

我的"心肝宝贝"

王琛媛

我没有什么特别的玩具。可我的玩具箱里藏满了大大小小、五花八门的图片，它们就是我的玩具，我把它们当成是我的"心肝宝贝"。从幼儿时的吸引、好奇，到懂事时的喜欢、收集，再到现在的欣赏、品味。

如今，学习很忙，我对图片的喜欢和欣赏却从未中断过。无论是泼墨重彩还是细笔勾勒，无论是塞北雪原还是江南风景，无论是动物图片还是人物肖像，无不显示出画者特有的思想与灵魂。在这方寸世界里，承载着世间万象：绵延起伏的高山峻岭、幽雅淳朴的小桥流水、出淤泥而不染的莲花、纯洁善良的人们，都是那般超凡脱俗……

那一张张精美的图片，无不让我深感身临其境。

当我做完作业，我总会情不自禁地打开画册，细细地品味着那一张张意义深远的图片：从怀抱幼婴的母亲眼中，我读到了伟大、无私的母爱；从莲叶上的幼童身上，我看到了澳门昨天的沧桑；从气宇轩昂的武松拳中，我想到了梁山好汉的英勇威武；从目光深邃的张衡眼中，我找到了中国几千年的文明史……此时，那华丽的大厦、市井杂音早已远离了心灵，在这方寸世界中，美景美画走入了我的心窝。

每逢面对着如此多种多样精美的图片时，我的心也随之开阔、清朗。图片是笔与墨的艺术，也是心与情的结合；图片是艺术大师们的杰作，也是人们心灵的港湾；图片是我身边的伙伴，更是我永恒的朋友。

梦　　想

崔梦佳

记得有人说，梦想就是，你可以做梦，但是梦过了，就别想了。我是始终都不认同这种观点的，不过也不得不承认，这的确是一句很现实的话。我们的人生往往早已被父母规划好，他们希望我们将来能够有一份体面的职业，对于我们所谓的梦想不理解。可是，人活着应该有梦想，有追求，即使被现实推得遥不可及，也无法阻挡我们追梦的步伐，这才是有意义的人生。

带着梦想，却有时感到迷茫。我对自己说："出去走走吧，去听听自然的答案。"走在林间小路上，心静极了，仿佛从来没有这样静过，心底也涌出了最初、最纯真的梦想。我喜欢写文字，从小就喜欢，但是我写得并不好，我真的不知道应该坚持还是放弃。

就这样走着，我开始被身边的一切所吸引。树干真粗糙，却留下了属于它的生命的年轮，树叶枯黄又怎样，它已绿过一次，向人们展示了它的美好；脚一踢，石头与石头碰撞，它们曾待过的地方，留下一个浅浅的小坑；飞来一只鸟，翅膀在空中划过一道美丽的弧线……我心中的浪，不住地奔腾。

大自然的一切，都留下了属于它们的痕迹，那么我呢？是不是也应该脚踏实地，一步一个脚印去实现我的梦想呢？是啊，我才不要轻轻地来，然后再轻轻地去，轻到什么都没留下。坚持梦想，就应该从现在开始脚踏实地走好每一步。抬头，阳光明媚，青春正好。

一阵风吹来，树上仅留的几片叶落了，像雨，像泪。满世界的雨啊，满世界的泪，是为我获得新知喜极而泣吗？

人活着要有梦想，我奔跑在追梦的路上。

成功的秘诀

宫元义

每当我面对挫折的时候，我会用许多方法化解，将它打败。

八岁的那个寒假，我初学滑冰，由于年龄太小，没有太大的劲儿，也没掌握要领，总是刚站起来就又摔了。一次、两次……每天都要摔好几次，三天下来脚和膝盖已经又红又肿的了。但我坚持下来了，于是最终我学会了旱冰。

体育课上，同学们一起练跳绳，我许多次都失败了，看起来容易的事总比想象的难，每一次失败后我都想："再努力一下，一定可以成功的！"一次次的自我激励，我成功了，此后，我明白了，只有坚持不懈才能成功。

我还有一个办法——心理暗示法，只要对自己说："我比别人强，我可以做好。"不知不觉中，一股神奇的力量就会推使我前进。

在书法课，我和同桌比谁写的字又快又好。开始他总比我快，我就想："没事的，我可以的，我一定比他强。"慢慢的，我超过了他。

我会用许多方式化解挫折，我会在不断的努力中前进。

放弃与成功

王一川

在生活中，我们会遇到各种各样、大大小小的困难。你是否坚持着，最终战胜了那些困难？还是选择了放弃，选择了退缩？

在我的记忆中，有这样一件事，直到今天，还是深深地影响着我，给予我无限的动力。

那是一个夏天，六月，太阳在空中无情地炙烤着大地，贪婪地蒸发着地面的水分。我独自坐在房间里，汗流成串，手里却握着笔，计算着一道又一道的应用题。我沉醉在自己的世界里，一路过关斩将，仿佛无人能与匹敌。正当我扬扬得意之时，却突然犯了难，因为"半路杀出个程咬金"，一道应用题横挡在我的面前，我却拿它毫无办法，这可让我急了起来。

时间一分一秒地过去，我对这个"拦路虎"毫无思路，尽管我绞尽脑汁，尽管我的脑门儿上全都是汗，但仍是没有半点儿办法。我仿佛看到了自己的失败，听到了"拦路虎"对我无情的嘲笑。我想到了放弃，也想到了自己的失败。这时，我突然想到了儿时母亲常对我说的一句话："无论在什么情况下，你都不能够放弃，要坚持下去，才能获得成功。"没错，我渴望成功，所以我要坚持下去！母亲的话仿佛有一种特殊的魔力，使我又燃起了斗志，要坚持下去的斗志！

我重新回到桌子前，握起笔，重新与它进行了"战斗"。

转眼间，一个小时过去了。"啊！我想到了，原来是这样！"我怀着激动的心情写下了自己的"战果"。

这件事至今保存在我记忆中，时刻激励着我，让我得以前进，得以成功。

今天和你杠上了

李 莹

放学回到家，我迫不及待地放下书包，我要以最快的速度写完作业，然后打开电脑美美地玩游戏。

我正在书桌前奋笔疾书，"叮咚！"妈妈回来了。"女儿，在做作业啊，奇怪，今天怎么这么用功了？""啊！好了，妈，我已经够烦的了，快出去吧！"我抱着头，不耐烦地对妈妈说。今天的作业真难，我有点儿想放弃了，毕竟，游戏比作业简单得多，也有趣得多。不过，这个念头马上就被另一个声音打败："见到困难就躲，怎么能成功呢？"

"嗯，今天我一定要和作业做斗争，早早做完，早早去玩游戏。"于是，我找了一条红色的缎子，上面写了"奋斗"两个字，我将它绑在了头上，开始努力地写作业，但是很快，我的自信被打碎了一地。

语文作业很快做完了，烦人的数学作业还等着我攻克。为了给自己鼓气，我大声地对作业叫道："今天就和你杠上了，咱就看，最后谁是赢家！"

经过一番激烈的斗争，最终，我战胜了作业。我得意扬扬地对它说："这下你服气了吧！哈哈哈哈……"

021

学 轮 滑

徐佳琳

一天晚上，我陪妈妈逛街，路过中山广场，看到了一群孩子在广场中间轮滑，思绪不由得飞回到两年前。

我生日那天，爸爸为我买了一套轮滑鞋套装，我迫不及待地换上轮滑鞋，玩了起来。可是，轮滑鞋上的四个轮子是一列的，不容易保持平衡，我刚要站起来，又重重地摔在地上。扶着墙慢慢站起来，刚站直又向右边倒去了。唉，就连保持个平衡也这么难吗？

练习了好久，总算能保持平衡了，可是要保持速度和方向就没那么简单了，还没等我站牢呢，轮子居然自己滑起来了，我脚僵硬得根本动不了。"咚"地一下，我径直撞到了墙上，爸爸在旁边看得直乐。我就让他带我滑，并教我怎么控制速度、方向，练过两下，瞬间就觉得没那么难了。

绕着喷泉池滑了三四圈，突然前面出现了一摊水，我躲避不及，只能硬着头皮冲过去了，可轮子一打滑，我一头栽进了花坛里，小腿被花坛边的石头蹭掉了一大块皮，我脑子里闪过了放弃的念头。

爸爸见我退缩了，就过来对我说："知道史铁生吗？"我摇摇头。"他在二十多岁时没了双腿，他一度脾气暴躁，他没有同意与母亲一起去北海看菊花，但他从母亲的死真正领会了生活的真谛！从此他微笑面对生活。你只遇到一点儿挫折就放弃，怎么可以呢？"我想了想，也想通了，于是尝试克服心理阴影，继续练习。现在，我已经可以滑动自如了。

第一次打篮球

康子欣

我从七岁开始就迷恋上篮球。那天，在妈妈学校看到一群大哥哥打篮球，帅呆了，我立刻就喜欢上了这个运动。

回到家，我缠着妈妈给我买篮球，妈妈答应了。"六一"儿童节那天，我和弟弟回家后看见桌子上有一个袋子，我刚想看看里面有什么，却被妈妈阻止了，她神秘地对我和弟弟说："你们猜猜这里有什么？""蛋糕。"弟弟抢先回答道。我的心里只想着篮球，我看见袋子圆圆的，于是我便回答："是篮球。"

妈妈让我们打开袋子，一个篮球正躺在袋子里睡大觉呢！我迫不及待地带着篮球到院子里玩，我试着拍了一下篮球，它落地后又跳了起来，我觉得很简单，拍了一下又一下。可是怎么才能像那些大哥哥一样，一边跑一边拍球呢？这个淘气的篮球，一点儿都不听话，我往前跑，它偏偏在后面待着。这时，妈妈走过来笑着说："不要着急，慢慢来。你往前跑时，手上也要往前用力，拍一下它就可以往前跑了。"我尝试了一下，谁知力气使大了，球跑得好快，我追都追不上。我有些气馁，不想玩了。妈妈说："不要随便放弃，耐心一点儿，多练习练习就好了。"功夫不负有心人，终于，我的拍球技术越来越好，也真正喜欢上了打篮球。

我现在的篮球技术很好哟，不信你可以跟我比试一番。

生命的萌发

白　伟

科学老师给我们布置下了一个作业——泡一颗绿豆，观察萌芽的过程。

我让妈妈帮我找一个可以装水的容器。找到后，妈妈去冰箱里拿了几颗绿豆。我接了半瓶水，把绿豆泡在水里，静静地观察。

没过四十分钟，绿豆居然膨胀了，像一位怀孕的妇女。我静静地观察着，看这位"孕妇"能闹出什么大名堂来。

又过了约莫两个小时，绿豆的嫩芽冲破了外壳，像婴儿的手，在水中摇动着。我心想：嘿，这小家伙真淘气！

大约三小时后，更多新生的小朋友正挥着它们的嫩芽，好像在向我招手。我大喜过望，观察着它们，心想：它们的生命力竟然这么强，看来是我低估它们了。我看着它们在水里摇来晃去，你追我赶，好像在玩游戏呢！

今天，我亲眼见证了生命的萌发，看着它们如何突破坚硬的外壳。虽然它们是那么不起眼，但在我面前，它们展现了它们的活泼、坚强！

024

我的文具盒

康嘉轩

大家来猜个谜语吧！"肚子大大爱乱吃，钢笔文具肚里藏。"大家猜到谜底了吗？没错，就是文具盒。

我的这个文具盒是三层的，顶层有镜子，还是密码文具盒，他那巨大的肚子里藏着不少的文具：幸福的钢笔一家，残疾的"橡皮爷爷"，矮个儿的"铅笔小弟"……文具盒的第一层是钢笔一家，老老少少八口人；第二层是"尺子小妹""橡皮爷爷"以及小矮个儿"铅笔小弟"的家；最后一层则是整齐划一的水彩笔一家。在这个文具盒两边还有小机关，在左边机关，"住"的是墨水一家；而在右边的机关则是只身"独居"的铅笔刀，它同时也是"铅笔小弟"的"仇人"，因为是它削短了曾经风流倜傥的铅笔。

要是问哪个文具最讨厌我，肯定是"尺子小妹"。因为我没事时就会用新晋"大哥大"——铁尺，去砍它。

怎么样？我的文具盒很讨人喜欢吧！

我 的 宝 库

杨星月

我的宝库啊，是每个学生都有的东西。它长着长方形的身体，没有脑袋，没有四肢，它就是——书。

它的封皮各不相同，"哥哥"有着华丽的封皮，"姐姐"有着朴素的封皮，但书里的内容，才是最吸引我的东西。

说到书的作用，那可是三天三夜都说不完的。书里有好词好句，例如名人名言、谚语、歇后语……书还可以帮助我增长知识，带我一起去"旅行"。

《城南旧事》带我去感受林海音的童年，《格林童话》带我沉浸在童话的世界里，《十万个为什么》带我到植物的世界、海洋的世界、微生物的世界、人体的世界去遨游……它们带我游遍了天南海北，还对我说："这只是冰山一角，还有更多的地方等着你去探索呢！"听完它们对我说的话，我更加喜欢他们了。

小学生写作文的时候，它的作用不言而喻，用好词好句帮同学们从困境中走到"仙境"。

我的宝库作用真大啊，生活中谁都离不开它，当然也包括我，我爱我的宝库。

放飞烦恼

闫津旭

周末来了。

这一天，我带着好心情和一个漂亮的风筝高高兴兴地到了公园。

我就是一个放风筝的高手，哈哈，可不是吹牛，你看我多厉害，无论是大的小的，宽的窄的，我都能让它们飞上天，真是"爽歪歪"啊！

我正玩得高兴时，突然看见一个小女孩儿，她满头大汗，吃力地放着风筝。我觉得那个风筝很奇怪，上面有很多大大小小、乱七八糟的东西，好像是一些字，又像是一幅画，整个风筝显得特别脏。

就在这时，小女孩儿突然跌倒了，风筝也飞跑了，我跑过去，一下子就把线捉住了，这时小女孩儿却号啕大哭起来。我当时想：不好，她肯定是认为我要抢走她的风筝。我立刻向她解释："你不要误会，我没有要拿你风筝的意思，你别……别哭。"因为太紧张，我说话也变得吞吞吐吐的。"不怪你，我哭……哭是因为我的烦恼风筝掉下来了。"那个小女孩儿说。"什么？烦恼风筝？"我愣住了。"那风筝上面写满了我的烦恼和痛苦，我把那些话写在上面，就是为了放飞烦恼。"

我没有想到小女孩儿会有如此奇妙的想法，于是决定帮她，我一步一步地教她放风筝，帮她把风筝放得很高很高。最后，她把风筝线剪断了，脸上洋溢着笑容看着天空中那个风筝越飞越高。

我离开时，看到那个小女孩儿正在快乐地玩耍，我想：她的烦恼一定随着风筝飞向远方了吧。

星星的悄悄话

十里荷塘

　　走近荷塘，就与荷香清风撞了个满怀。空气甜甜的，只觉得一阵心旷神怡、神清气爽，让人忍不住深深地吸上一口，一不小心就醉了，醉在这花香中。放眼望去，只见那一大片一大片的荷花一望无际，看不见尽头。

秋之美丽

孙嘉乾

秋天，它没有春的缠绵，夏的狂热，冬的冷漠。它既结合了其他季节的特点，又别具一格。就如那久经沙场、豁达开朗的将军，如那划过漆黑夜空的流星。

秋是成熟的。它使青涩的果实成熟起来，并让果树们笑弯了腰，那些果实，有的掉到了地上，好像迫不及待地想让人们来采摘它。

秋是舒服的。漫步在林荫小道上，闻着落叶的芳香，享受着温和的阳光，听上一曲动听的曲子，真是一种享受。

秋是崭新的。秋的凉爽，扫去学生在夏天的不愉快，带给他们的则是心旷神怡，让他们勇敢地去面对崭新的每一天。

秋是慈祥的。它使大树的落叶变成腐殖质，孕育着下一个春天，多么有妈妈的气息啊！

秋是无私的。它把成熟的果实奉献人间，自己却不求任何回报，真是一种美德。

秋是值得学习的。它的成熟、它的舒服、它的崭新、它的慈祥和它的无私，值得我们每个人去品尝、去学习。

如画的秋天

王璧莹

秋天是一个富有诗意的季节。在这个季节，树叶黄了，树木开始精心布置它的每一个年轮。古桥一如既往地弓着腰，要成为这个季节最亮眼的风景线。

不知是什么东西，轻轻地抚摸着我的额头。我抬头向上看，原来是焦黄的树叶。它们落了下来，落在我肩上，落在我头上，落在清澈的湖面上，刹那间天地一片金黄……

我伸手接住一片飘飘悠悠落下的树叶，让它落在我摊开的手心上。

静静的，我看着它。细数那精致的纹理，好像这里面蕴含着生命的奥秘！

我把和我最有缘的那一片树叶放在清澈的湖面上，让它承载着我的梦想驶向远方。

我随手捡起一片树叶。再往前走，我看到了一个村庄。

我用手指一圈一圈地画着，细数着它精致的纹理，这棵树的年纪，应该很大了。

在不远处我看到一座古桥，它在涧水之上弯着腰渡人马去对岸。一步一步，我走上这古桥。我的脚在桥面走；手，摸着桥梁。我停了下来，又看到涧水在欢快地跳跃。我不由感叹：秋天真美！

我爱秋天，我爱这如画的秋天！

我 爱 秋 天

刘佳琪

秋天是一个美丽而又富饶的季节，当秋姑娘迈着轻盈而又整洁的脚步到来，一切都变了颜色。你瞧，本来青青的苹果，秋姑娘一来它们就变得通红通红的；翠绿的小草被秋姑娘带起的微风吹得枯黄；农民伯伯的稻田随着秋姑娘的到来而成熟。

在一年四季中秋姑娘最招人喜爱！

尤其是农民伯伯——秋姑娘来时，他们就可以丰收了！各种水果、蔬菜，还有稻米，都是农民伯伯辛辛苦苦种下的呢！

秋天也是美丽的季节——当秋风吹过大树的时候，树叶像一个个穿着黄色衣裙跳舞的小精灵纷纷跃下。如此美丽的景色，大家是不是都带相机了呢？

秋天的山景也很美。虽然山上的树叶都已枯黄，但从山下往上看却像一幅油画，颜色由深到浅。难道这不比那些油画大师画得更美吗？

秋天赶走了夏天的炎热，当夏天让人不能忍受时，秋天就款款而来。她带来凉爽，带来丰收，同时带来人们无法轻易看到的景色！

啊，秋天，我爱你！爱你那美丽！爱你那富饶！

秋天的云

韩 超

秋天的云，是那样的变化莫测。

秋天的云是朦胧的。清晨，或许是云朵跑得太快，太阳落在后面，却是怎么追也追不上。抬头仰望，云雾层层叠叠，好似天宫上的仙气缥缥缈缈；又好似刚出浴的美人，在轻轻地歌唱。"叽喳""叽喳"，鸟儿清脆的歌声唤醒了太阳。太阳欣欣然睁开眼睛，一点儿一点儿地升上了天空，东方渐渐地露出了一道鱼肚白。天空就像等待已久的舞台，徐徐地拉开了黑色的帷幕。云朵是天空的主角，你看，那不断变化形状的云，就像一个个活泼可爱的小精灵，在跳着优美的舞蹈；又像一群快乐的小鸟，在唱着一首首欢乐的歌，迎接这美好一天的到来。

秋天的云是明亮的。中午，太阳升上了蓝蓝的天空，云朵迅速地变了一个模样，仿佛少女揭开了蒙在眼前的薄纱，露出了明艳动人的笑容。整个天空就像一个绚丽的舞台，太阳如追光般照耀着朵朵白云，把大地煎得噼啪作响。那调皮的云儿，不停地变化着模样，或像你追我赶的绵羊在"咩咩"地叫；或像雪白雪白的棉花飘满天空；或像风儿一般飞上天空，悄悄地蒙上太阳的眼睛，给人们带来丝丝凉爽；或像满园盛开的朵朵鲜花，芳香扑鼻。太阳爬到了天空的正上方。天空湛蓝深远，一阵风徐徐吹来，云千姿百态，各式各样。有的像奔跑的骏马，有的像"汪汪"叫的小狗，有的像展翅飞翔的小鸟，仿佛像是在举行一场盛大隆重的运动会。

秋天的云是热烈的。傍晚，劳作了一天的太阳，累了，倦了，一个不小心把红墨水打翻，立刻羞得躲进了山头。远处天边那白白的云朵，眨眼间被染得通红通红，好像一条口喷烈焰的龙，又像一只浴火重生的凤凰，又或像一头"呼呼"大叫的年兽，在热热闹闹地上演着一场森林大战……

秋天的云，仿佛是一首旋律多变的歌。

红梅公园

袁嘉骏

034

红梅公园位于常州市中心，她是天宁宝塔下的一块宝地，是常州人民心目中的一块风水宝地。这个季节，骄阳似火，红梅公园内的红梅也不闲着，有的捧着嫩绿的叶子在迎客；有的戴着心形的绿叶向游人献爱心；还有的撑起伞状的绿叶，为树下的虫儿们遮阴呢。

若是在冬季，这些红梅可就热闹极了，有的含着粉红的花骨朵，犹如情窦初开的美少女，羞答答地微微低垂着脑袋；有的红得娇艳的花，好似开朗大方的解说员，侃侃而谈，说天说地；有的更是不可想象，明明花蕊是鹅黄的，往外一圈是红的，再往外看一眼，白了，白了，最后，花边是红的，观者无不因这红梅花儿开得奇而惊叹。若是在初春，开了满园的梅花好看极了，你不让我，我不让你，争奇斗艳，红得像火，粉得像霞，白得像雪，吸引一批批摄影爱好者驻足，拍拍这朵，拍拍那朵；游人更是被这娇艳的红梅迷惑，迈不开前行脚步，舍不得离去。

位于红梅园中心的是红梅阁，在舒缓的音乐声中，几位老者正在打太极，一会儿出拳，一会儿踢腿，刚健有力。屋内几位老者在切磋书法，那边还有几位在研究国学呢。红梅阁在大片的红梅映衬下是那么突出。

红梅公园犹如一位美少女，静静地陪着我们常州人民走过每一个春夏秋冬。也许是因园内有多种多样的红梅，因而取名红梅公园吧。

十 里 荷 塘

艾嘉慧

绍兴，是一座美丽的小城。可别瞧它小，城里的风景名胜还真不少。绍兴有大文人鲁迅的故居博物馆，有怪石嶙峋的柯岩，有大诗人陆游写下《钗头凤》的沈园，有被称为微盆景的东湖……而我，最爱的却是那不甚有名气的十里荷塘。

走近荷塘，就与荷香清风撞了个满怀。空气甜甜的，只觉得一阵心旷神怡、神清气爽，让人忍不住深深地吸上一口，一不小心就醉了，醉在这花香中。放眼望去，只见那一大片一大片的荷花一望无际，看不见尽头。"接天莲叶无穷碧，映日荷花别样红。"这岂止是十里荷塘，简直就是荷的世界！待你细细观看，你会发现另有一番情趣。有的荷花立在水中，宛如一位亭亭玉立的少女正向人们展现着自己婀娜的身姿；有的荷花卧在水面，仿佛一位仙子正对着镜子梳妆打扮；还有的荷花上立着一只蜻蜓，好像一位小姑娘正和小蜻蜓说着悄悄话。

一阵微风吹来，所有的荷花开始翩翩起舞。这舞动的身姿吸引了蝴蝶、蜜蜂，它们在舞动的荷花中穿梭，就像为这舞蹈加了特效。一曲完毕，荷花演员们纷纷落幕。

孩子们欢快地玩闹，学生们拿着画笔静静地写生，情侣们手牵着手喃喃细语，老人们坐在亭中喝着茶水聊着天，摄影师扛着相机左拍右拍拍不停，人们的脸上都洋溢着灿烂的微笑。游人们带着这荷香、美景，还有那好心情回到家中，做的梦都会是甜甜的！

十里荷塘不仅是美丽的景色，更是人们积极向上、红红火火的日子！

036

美丽的西太湖

于惠明

中国有个独一无二的龙城，龙城有一个常州人民赖以生存的西太湖。

西太湖的路美。市里的路太笔直了点儿，盘山的路太弯了点儿，唯有西太湖的路刚刚好。骑行在环湖大道上，旁边高大挺拔的银杏树与郁郁葱葱的水杉树形成鲜明的对比。环湖路一会儿上坡，一会儿下坡，当你骑累的时候，会马上来一段平缓的路；当你无味时，又会有一段坡出现在你前面；当你高兴时，又会有一段下坡迎接你，从坡上冲下，人在前进，树在后退。弯的路，直的路，上行路，下行路，游人各走各的路。

记得有次参加社区徒步活动，走在林荫大道上，来不及欣赏路两旁长满翠绿树叶的香樟树和穿着红衣服、黄衣裳妖娆的枫树，来不及欣赏粉得可爱、红得出奇的花，也来不及享受躺在地毯似的大草坪上的快乐，只是为了集卡片。好不容易寻到一张，在我得意忘形冲到终点时，仅有的采集到的一张卡片不翼而飞了，我捡的不是卡片，是教训，是健身，是快乐。

"太湖美呀，太湖水……"常州老少皆能唱上几句。在阳光的映照下，波光粼粼的水波，轻柔地一波推着一波散步到岸边，翻腾着，跳跃着，打出了一片又一片金黄金黄的小水花，水底下的鱼儿也耐不住了，游上来，游下去，灵活的身体在阳光的映照下，通红通红的，宛如一个个小太阳。它们有的嬉戏，有的打水，还有的在吐泡泡呢。游动的鱼和阳光相映成趣。

037

你若认为西太湖只有路美，水美，那就大错特错了，西太湖的花博会、车博会更美。在花博会，你能看到色彩缤纷的花儿，闻到迷人的花香，醉在其中。最为著名的还是那闻名中外的车博会，那里有接地气的奥迪，有富贵的宝马，有大气的奔驰，还有许多车模，有的幽默风趣，有的时尚潮流，有的英姿飒爽……

西太湖，路美，水美，文化美！

美丽的明珠湖

郭翠玉

我家所在的小区，有一个风景秀美的人工湖，它就像一粒明珠，镶嵌在座座楼宇之间，我叫它"明珠湖"。

春天到了，明珠湖一派生机勃勃的景象：那湖水，就像刚刚过滤过似的，清澈见底。一群群的蝌蚪，感受到了春的气息，顶着米粒大的脑袋，摇动着细细的尾巴，在湖中游来游去，玩起了捉迷藏；小鱼小虾藏了一个冬天，现在，也出来在湖中活动活动筋骨，游起了花样泳；偶尔，会有几只大白鸟从湖面掠过，在湖面上"惊"起一圈圈涟漪……

湖岸上，樱花、杜鹃、虎刺梅……你挨着我，我挤着你，叽叽喳喳，好不热闹，像是在比美，又像是在开粉丝见面会。一阵春雨过后，花瓣上洒满了晶莹的雨珠，一阵风吹来，那圆滚滚的雨珠，就像顽皮的小孩子，在花瓣上滚来滚去，一不小心，就滑进了土里，倏地一下，就无影无踪了。春天的明珠湖，就是一幅美丽的《春景图》。

夏天来临时，蝌蚪们早已无影无踪。湖水中、草丛里，到处都是拇指大小的青蛙。夜晚来临时，整个明珠湖，就成了青蛙的音乐厅，离得很远，都可以听见那《蛙鸣合唱曲》。夏天的明珠湖，最美的就要数那一簇簇的荷花了，湖面上，叶子出水很高，像婷婷的舞女的裙。叶子中间，点缀着朵朵白花，不时有蜻蜓在花枝上停留，告诉荷花清早飞行的快乐，小鱼小虾在荷叶下游过，告诉它昨夜做的好梦。

一场雨过后，岸边的草地，就像魔术般，冒出朵朵白嫩嫩的小蘑菇。草地在蘑菇的点缀下，越发显得翠绿；蘑菇在草地的映衬下，显得更加白嫩。文静的小姑娘，踮起小脚丫，翘起兰花指，轻轻将小蘑菇摘进篮子里。不一会儿，竹编的小篮子里就铺满了。淘气的小男孩儿，扯下几股柳枝，胡乱地拧几下，就成了一顶小草帽，戴在脑袋上，一下子就成了一个游击队战士。夏天的明珠湖，就是一幅热情的《夏景图》。

秋天不知不觉地来临了。秋风把小鱼小虾们送回湖底，回过头来，在湖面上吹口气，吹皱了湖面，也将湖面上的落叶，集中到了湖边，形成了一道天然的堤坝。

湖岸上，李树深紫色的叶子中，藏满了艳红艳红的果子。叶子在果子的点缀下显得更加繁茂；果子在叶子的映衬下，显得更加诱人。孩子们围在树下，力气大的，就使劲摇着树干，把小脸都憋红了，一阵"扑簌——扑簌扑簌——扑扑簌簌"，厚厚的草地上，就落满了一颗颗鸽子蛋大小的李子。捡起一个，顾不上擦，就一下子塞进口中，"咔嚓"一咬，眉毛就皱成一个"八"字："哦，太酸了，酸死人了！"即使这样，大家还是乐此不疲，脸兴奋得比李子还要红，还要亮。秋天的明珠湖，就是一幅快乐的《秋景图》。

冬天，湖面上结了冰，整个湖就像一面巨大的镜子。即使是冰，也难以冰封孩子们的热情。你瞧：有的在冰面上比赛丢石子，看谁的石子滑得远；有的干脆就趴在岸边，把手伸进湖里去捞冰块。捞到大的，就捏着冰块爬起来，猛地往岸上一扔，"哗啦"一声，碎成小片。然后孩子们凑在一起，一个说："看啊，这一块像不像打乒乓球时用的拍子啊？"另一个说："嘿，这一片像骆驼！"还有的说："手枪，一把手枪！"……

一场大雪过后，湖岸上，更是一番粉雕玉琢的景象：白雪压在树枝上，树干在白雪的映衬下显得更加乌黑；雪在树干的点缀下，显得更加雪白。树枝下方的雪还没来得及融化，就被冻成了冰坠子，树枝上方又在不断地积累着厚厚的白雪，一阵风吹来，"咔嚓——咔嚓嚓——""扑簌——扑簌簌——"冰坠子夹杂着雪团，落到地面上，又溅起一阵雪雾……岸边还有几支蜡梅绽放，幽香阵阵扑鼻。真是"遥知不是雪，为有暗香来"！冬天的明珠湖，就是一幅优雅的《冬景图》。

明珠湖一年四季景色诱人，也是孩子们的乐园。

我 的 朋 友

田欣莲

一双琥珀色的眼睛，闪烁着机灵，流露出威严。一道菱形白色斑纹，就像一颗钻石镶在额前，简直就是二郎神的第三只眼，那么威风，那么与众不同。它就是我的好朋友，小狗"二郎神"。

二郎神身着铁灰色"战袍"，上缀白云锦纹，就像一团团白云飘浮在铁灰色的天空之上，又像上下翻飞的刀光剑影，定格在寒夜战场。白与黑，明与暗，儒雅与铁雪，组成了一幅矛盾又统一的画面。这样的战袍，谁不想拥有呀？！

别看二郎神外表冷酷，端着大将军的架子，可它在我面前，就是一个十足的小哈巴。每当我放学回家，一进门，二郎神就热情地扑到我身上，一下子叼走我的书包，放在沙发上，然后，就开始绕着我打转转，它的眼睛里流转着兴奋的光，不断地冲着我"汪汪"直叫，好像在说："下楼玩，下楼玩！"叫，仿佛不能表达它那激动的心情，于是，它便卖力地摇着它那硬邦邦的"方天画戟"——其实就是它的小尾巴，"咚咚咚"地敲起了门。门刚一开，二郎神就像一支离了弦的箭，又像一匹脱缰的野马，"嗖"的一声，冲下楼去。一下楼，就看见二郎神在草地上跑过来，跑过去，又是叫，又是跳，东闻闻，西嗅嗅，"欢"得不亦乐乎。那样子，就像一个被囚禁了很久的囚犯，好不容易出来放放风。挥洒掉拘谨，舒展着筋骨。有时，我还跟它玩扔瓶子的游戏。我一扔出瓶子，二郎神撒腿就追着瓶子跑，过不多久，它就衔着瓶子跑回来了。这时，它就歪着它的小脑袋，眨巴着它那水灵灵的大眼睛，一脸呆萌地望着我，好像在求抱抱，求表扬。

我觉得，二郎神仿佛是玉皇大帝特意派遣给我的伙伴。它给我金色的童年带来无穷的欢乐。

041

猫

郑钧杰

在我居住的小区里，随处可见猫的身影。其中，有一只猫，它很特别。一身黑毛，连眼睛都蓝得发黑，在夜里像两颗熟透了的野葡萄般闪闪发亮。我叫它绝影。

绝影睡觉时最为可爱，它把前脚放在身下，尾巴卷起藏在后腿下，把头往边上一靠，"喵呜"叫上一声，就闭上眼睛懒懒地睡着了。有时候半途被吵醒，它会晃晃悠悠地抬起头来，眼睛睁开一条小缝又是一声"喵呜"，好像在倾诉内心的不满，看你一眼之后又闭上眼索性把头埋进腿中，呼呼大睡起来。

绝影的右脚曾被人打伤过，开始的时候一瘸一拐。几天没见，再见到它时，它又行动轻盈，身形矫健，我欢喜得不得了。

绝影抓老鼠时，和平时呼呼大睡时完全不同，它总是伏下身子，两只蓝黑色的眼睛直勾勾地盯住老鼠。老鼠毫不知情地在一边欢乐地蹦来蹦去，它却在一边安静地等待时机到来。忽然，绝影一跃而起，跳到了树上，突然又向下扑来，把老鼠死死地压在了它的脚下。老鼠在它的脚下不停地挣扎，不断发出"吱、吱、吱"的求饶声。绝影有时候会故意松下脚，却在老鼠以为可以逃命时再次扑上去咬住它，直到玩够了，它才会叼起老鼠回家慢慢品尝。

这就是我喜欢的特别的绝影。

042

我的好朋友

杨欣尔

春节，我收到了一份特殊的礼物——两只小仓鼠。从此，它们便成了我的好朋友。

我第一次见到它们时，两个小家伙躲在一个小铁笼子里。这个小笼子可精致了，分为上下两层，上面一层有两个小房间，是它们的居

住区；下面一层是它们的饮食区和娱乐区。饮食区有一个小饭碗和饮水器，娱乐区有一个可以转动的摩天轮，中间有一个小楼梯和小滑梯连接。

　　我好奇地蹲在笼子旁想看个究竟，过了好一会儿才探出两个小脑袋，它们用两只乌黑的、如花椒粒一样的小眼睛，东瞅瞅西望望，眼睛里充满了陌生和胆怯，很长的一段时间见我不去伤害它们，才从木屑中拱了出来，向我靠近了几步。我终于看清了它们的面目——如乒乓球大小，头部略尖，全身毛茸茸，一只背部的毛是浅灰色，还掺杂着几条深灰色的条纹，腹部的毛雪白雪白的，缩成一团活像一个毛绒球，于是我叫它"绒球"；而另一只身上雪白雪白的没有一丝杂毛，缩到一起就像一个小雪球，我便叫它"雪球"。

　　绒球和雪球每天像好朋友一样形影不离。白天它们钻到小房子睡觉，到了晚上才走出来一起玩耍。有时绒球趴在雪球耳边，"吱吱吱"像在说着悄悄话；有时他们来到娱乐区，愉快地在摩天轮上转，玩累了一起来到饮食区吃起我为它们准备的美食，有大米、花生、胡萝卜或馒头，然后再喝点儿水，吃饱喝足后接着去玩。

043

　　别看小家伙们这么有趣可爱，但是还需要我精心地照顾。每天我都会给它们准备食物以及饮用水。每隔几天我都会为它们换木屑，清理房间——把笼子里的东西——拿出来，用水清洗，甚至它们拉的便便粘在笼子上还得用刷子刷，把笼子里的脏木屑倒掉换上新的。这样，绒球和雪球又可住在干净舒适的家里了，这时它们就会用感激的眼神看着我。由此我想到，妈妈平时照顾我真不容易呀。

　　从此，绒球和雪球便成了我的活宝，我的好朋友。

"贪吃鬼"可可

王力可

　　我的狗狗——可可，浑身棕色，耳朵尖尖的，眼睛乌溜溜，别看它个头儿小，它的胃口比我还大，肥得像个小球。谁叫它那么爱吃东西呢，嘴巴不肯停，所以我叫它"贪吃鬼"。

　　"贪吃鬼"每次吃东西不撑到嗓子眼儿决不罢休。一天中午，我给了它一大碗肉拌饭，心想：这下可够它吃的了。"贪吃鬼"把脖子伸得长长的，好像要把整个头伸进碗里去，拼命用舌头舔着，发出呼噜噜的响声。待它狼吞虎咽地享用完午餐，我们一家三口也开饭了。本想着它已经吃了那么多饭，应该不会再来纠缠我了，结果我才吃了几口，"贪吃鬼"就小跑着钻到餐桌下面，一定是受到了香味的诱惑吧，它时而蹭蹭我的腿，时而舔舔嘴巴，时而乖巧地坐在桌子底下望着我，一副没吃够的样子。看它那馋样儿，我忍不住给它一块肉骨头，没想到它得寸进尺，更加渴望地望着我，我只好又给了它好几块肉骨头，心中暗想：它会不会把肚子撑爆呀。

　　下午我在房间里看书，"贪吃鬼"趁爸爸妈妈没注意，悄悄地潜入我的房间，紧紧地盯着柜子上的那袋狗粮，突然伸出爪子"啪"的一声把狗粮袋子打在地上。我吓了一跳，低头一看，幸亏狗粮袋子是封着的，没有撒了一地。我有些生气了，批评它："吃，就知道吃，当心肚子撑爆了。"它目不转睛地盯着我，不停地摇着尾巴，我有些心软了，又怕它吃太多不好，就给了它一小把，它马上伸出舌头，一口就吃完了。我见势不妙，藏好狗粮袋，准备继续看书，"贪吃鬼"平常有点儿傻傻的，教几个简单动作都总学不会，但在吃的方面十分精明，看见我把好吃的藏起来了，就过来撒娇：爪子轻轻拍着我的腿，头在我腿上蹭来蹭去，尾巴摇得像拨浪鼓一样。我很无奈，只好又给了它一把，唉！这样下去可怎么办呢。

　　"贪吃鬼"吃得越来越胖，肚子滚圆，都快走不动路了，我得狠狠心让它减肥了。

小 乌 龟

刘　鹏

　　身披一个坚硬的铠甲似的深绿色的外壳，近似椭圆的头上一边一个绿豆似的小眼睛，"脸"的两侧有着像少女红润脸蛋儿似的橘红色的小斑点。

　　瞧，这就是居住在我家大玻璃缸里的小乌龟了。

　　乌龟的嗅觉可灵敏了。有一次，我故意将一块纽扣般大小的牛肉丢在离小乌龟大约一米的地方，想看看它会不会爬过来。我躲在远处静静地观察着，时间一分一秒地过去了，可小乌龟一点儿动静也没有。我以为它不会来了，便失望地准备离开。突然，我看见一个小小的身影在向那块牛肉缓缓移动，仔细一看，原来是小乌龟啊！我努力控制住心中的惊喜，继续观察着。小乌龟爬到牛肉前，嗅了嗅，便很斯文地张开了月牙儿般的小嘴，把肉咬住，用爪子撕开，分几口吃掉了。

小乌龟也有淘气的时候。

那年秋天的一天，我吃过午饭，把乌龟从缸里取了出来放在地上玩，自己却脱下棉拖鞋去睡午觉了。醒来后我穿上拖鞋，脚下又湿又硬，脱下鞋一看，呦，小乌龟在里面睡得正香呢！

瞧，我的小乌龟，是不是很好玩呢？

小 螃 蟹

马 珺

046

我家的小螃蟹总爱钳东西，我放在缸里的小石头都被它钳花了。小螃蟹的眼睛跟绿豆差不多大小，身上背着硬硬的壳，走起路来是横着走的，嘴像半圆形的勺子粘在脸上，样子挺有趣的。

螃蟹肚子饿了就把眼睛瞪得大大的，左望望、右看看地找食物吃。拿几片菜叶放进缸里，小螃蟹马上就会快速地游上来，挤在一起抢食吃。它们抢食的样子真逗人，你用头顶顶我，我又用头顶顶你，像淘气包似的谁也不让谁。顶着顶着，一只小螃蟹生气了，用钳子夹了一下另一只小螃蟹，另一只小螃蟹也生气了。看见它们那么淘气的样子，我忍不住笑了。

螃蟹玩的时候也很有趣。有一次，两只螃蟹并排在缸里爬着，就像螃蟹运动会里的爬行比赛。在爬行的过程中，你顶顶我，我顶顶你，顶着顶着，一只小螃蟹摔了一个跟头，另一只小螃蟹赶快向前爬去。摔了跤的那只小螃蟹好像不服气似的，嘴里直吐泡泡，好像在说："下次我一定还要和你比。"

团结的力量

林家怡

听说蚂蚁十分团结，我却没有看到过，很想看一看。

于是我拿了几块糖，找到一只蚂蚁，把糖拨到它面前。小蚂蚁上前围着糖块转了几圈，然后就急急忙忙回家去报告。

一会儿，小蚂蚁带着一长串蚂蚁从石缝中出来了。它们来到糖块前，很自然地分散到糖块四周。在几只蚂蚁的共同努力下，它们居然把糖块搬到了自己的背上。糖块在它们的前呼后拥下往前挪动。

眼看它们满载而归，我想，不能让它们就这么轻易得手呀。我用一根木棍按住糖块。蚂蚁们着急了，丢下糖块跑来跑去，好像在想办法。有几只蚂蚁已经离开了糖块，剩下的蚂蚁在周围徘徊着，好像在防守。我想，那几只离开的蚂蚁可能是回去搬救兵了吧。果然不出我所料，不久就有更多的蚂蚁排着长队浩浩荡荡而来，大有不把糖块搬回去誓不罢休之势。它们可真有毅力呀！

蚂蚁们终于在集体的力量下把糖块搬回了自己的家。

蜗　牛

戴明宇

我喜欢大自然中的昆虫，尤其爱观察蜗牛。

夏天的一个中午，我和弟弟一起去捉蜗牛。弟弟问我："姐姐，哪里才有蜗牛呢？"我笑了笑说："蜗牛最怕热，只有在阴暗潮湿的地方才能看到它们呢。"我把弟弟领到奶奶种的菜园边，扒开石头，哇！好多的蜗牛呀！弟弟说："姐姐，你比我大，你要大蜗牛，我要小蜗牛，好不好？"我点了点头答应了。我一看大的才四个，而小的有十几个。我这个贪心的弟弟啊，又让他占便宜了。我把四个大蜗牛放进铺好湿沙的盒子里，而弟弟用小手把蜗牛捧回了家。我和弟弟趴在地上观察那四个大蜗牛。我让弟弟把大白菜叶拿一点儿过来，我撕了一片白菜叶放在盒子里。我和弟弟走开了一会儿，回来一看，蜗牛正在吃着白菜。它们那尖细的小嘴，在菜叶上不停地啃着，头还不时地左右摇摆着。我和弟弟看得直发呆。不过半小时，蜗牛就几乎吃光了所有的叶子。然后，它们慢悠悠地把自己的全身缩进了硬壳里。

第二天上午，我再去看盒里的蜗牛。突然，我发现其中一只蜗牛有些反常：它把身子伸得长长的，它那通向眼睛的神经，胀得又粗又大。它的肉体膨胀起来，透过肉体就能看到肉体内的小细纹。突然，它猛地一下把全部身体缩进了硬壳。我蹲下来，耐心地等待着有什么奇迹出现。约等了半小时，大蜗牛才慢悠悠地把两只长长的触角伸出来，左右转来转去后，头和身子便伸出来了，头越昂越高，硬壳有些晃动，像这样约有十分钟的时间。这时，蜗牛的肉体表面，有一些黏黏的液体，肉体也渐渐缩小了点儿。它慢慢把肉体向硬壳缩回去一些，又轻轻向前爬了过去。我再一看，哇！好多的蜗牛卵，个个晶莹剔透、圆而明亮。蜗牛卵有三分之一米粒那么大，每个卵都像一粒小珍珠。

我真高兴，蜗牛妈妈又有了一群小宝宝！

师　恩

李　雪

人们都说："老师是孩子灵魂的塑造者，是孩子们的指南针。"

刚到五年级的我，人生地不熟，我被分到了五年级一班，班主任是一个女教师，她给我的印象特别好。

听说，这位老师她有个女孩儿，性格直爽，长得非常漂亮，刚到这里的时候，她便是我的第一个朋友。班主任对我们非常好，我们从心里感激她。

有一天，班主任带我们去春游，我在水边玩起了水，一不小心，我掉到了水里，我叫了几声"救命"，便慢慢地沉了下去。我在朦胧的水里看到一双有力的手抓住了我，把我救上了岸，老师拍了拍我的背，水就从我的身体里出来了。虽是春天，还有点儿冬天的寒冷，班主任毫不犹豫地将没湿的衣服给我穿，自己冻得发抖，我的眼里充满了感激。

我想给老师一件礼物，表达她那天对我的救命之恩，却不知道送什么。这天刚好是我的生日，我的朋友送我一件漂亮的五星玻璃水晶球，我看了又看，终于决定把它送给班主任。我敲了敲办公室的门，老师喊我进去，我捧着球，刚一跃，我摔倒了，球被摔得粉碎，我的手也被扎伤了。老师急忙扶我起来，用清水冲了冲我的伤口，接着给我绑上了纱布。我对老师说："对不起，我本想送礼物给你，没想到它碎了。"我流下了泪，老师严肃地对我说："你送我的礼物，我不要，如果你想感谢我，就把学习搞好就行了，你把你的好成绩给我行吗？"

"可以！"我笑着流下了泪。

老师，谢谢您，您对我的恩，我无以回报，只能用成绩报答您。

050

向老师献爱心

耿培贤

"春蚕到死丝方尽，蜡炬成灰泪始干。"老师，您是蜡烛，燃烧自己照亮别人；老师，您是黑暗中的一盏明灯，照亮我们人生道路；老师，您是粉笔，磨短自己补偿别人；老师，您是一位勤劳的园丁，辛苦地栽培每一棵花草；老师，您是路标，为我们指引通往成功的明路……

9月10日是属于每一位老师的节日，每年的这一天都会有很多的同学给老师献上礼物。记得六年前的这一天，我刚刚踏入小学的校门，遇见了后来和我生活在一起六年，教育我、指导我、帮助我的老师。第一次见她，她一头乌黑的长发扎着一个马尾，一双水灵灵的大眼睛中显示出对我们的希望。她就是李老师。李老师在学习上对我们十分负责，但从来不会打骂我们，只是耐心地教导我们。想起她在那黑板上的每一个字，想起她对我们说过的每一句话，想起她在上课时提问我们的每一个问题，想起她为我们拍下的每一张精彩的照片，我都很难过，因为我们离开她了；但想到会有一批新的小学生接受她的教育，能够和她再次度过这精彩的六年时光，我又感到很欣慰。她帮助我们成长，她和我们一起玩耍，就像朋友一样，可是一起生活六年后，又分开了，等下一次再相聚又不知道会是什么时候了。

去年的教师节我特意抽空去和好几个同学探望老师，我捧着一大束鲜花和一盒巧克力送给了她。她还特意嘱咐我们，让我们在新的学习环境中能好好学习，争取更上一层楼，我们都充满着无限的信心对她保证。说完，我看到她那双水灵灵的大眼睛中浮现了晶莹的泪水，接着落到她那圆圆的脸上。这是我第一次见到她哭，就是毕业那会儿她都强忍泪水，还和我们开着玩笑让我们都笑着滚蛋，但这次她没有忍住，她哭了，她抱住了我们，我们也抱住了她。与李老师告了别后，我们便都回各自家去了。

在坐车回来的路上我暗下决心：一定不能辜负每一位教过我的老师对我的期望，我一定要努力学习、奋发向上，用最好的成绩来报答老师，也给即将陪我们度过三年时光的老师们一个好的印象。

去年的教师节代表我的童年生活已经画上了一个圆满的句号，新的生活已经开始，将会有新的老师陪我度过崭新的生活。最后，祝愿天下所有的老师教师节快乐！

感恩教师节

单宇涵

　　教师节再次来临了，许多学生已经表达了对老师的感谢，身为学生一员的我，同样也有许多话，想对老师说。

　　您身为我们班的班主任，担子很沉重，方方面面要考虑的事情很多，为我们操心的事情很多，偏偏我们还不给老师省心，麻烦事层出不穷。老师，对于不认真学习的同学，您会叫去办公室背课文，督促他们好好学习；对于学习成绩落后的学生，您总是叫他们回答一些简单的问题，培养他们的兴趣和信心。您对每一个学生的负责与关怀，我都看在眼里。

　　虽然我们偶尔抱怨老师，每天留的作业太多了。但是其实我们心中都明白，也理解，老师，这是为了我们好。课堂上，老师认真地为我们讲课，却有同学不听讲，但即使这样，老师课下对于学生的疑问，无一不仔细讲解，耐心地给同学们分析，哪怕是平时不专心听讲的，喜欢上课捣乱的。我很感谢老师的谆谆教导，为我们认真耐心地传道、授业、解惑。

　　在此，我想感谢所有的老师，感谢你们，教给我们知识；感谢你们，包容我们的一切；感谢你们对我们的鼓励与关怀；感谢你们，对我们的用心良苦，呕心沥血。

"教诲如春风，似海深。"虽然时光流逝，但你们的教诲和帮助会一直刻在我们心间。

感恩老师

周 洲

亲爱的老师：

　　您是我的启蒙老师，在我幼小的心灵播下了希望的种子，您盼望着这颗种子快点儿发芽、开花、结果。您给予了我太阳般的呵护、露水般的滋润，您宛如夜空中那颗闪烁的星星，照亮了我的童年。我万分感激您！

053

　　我能有现在的成绩，全靠您辛勤的培育。我的作文能上网、能登报、能获奖，这里面凝结着您无数的心血。您牺牲了多少休息时间，为我修改作文，每修改一次，您的额角仿佛又多了一条皱纹，眼角又多了几条血丝，但您不仅毫不介意，还为我感到高兴。我含泪对您说声："谢谢！"

　　您关心成绩好的学生，但您更加关心那些成绩不好的后进生。课后，您督促他们完成作业、做练习，一心为了后进生的成绩能跟上，一心为了他们能拥有童年的快乐。您还经常与家长联系，了解同学们在家的表现情况。您每时每刻都在为我们操心！ 这一切虽然几乎占据了您所有的休息时间，但您无怨无悔。

　　谢谢您，亲爱的老师！

勤奋＋坚持＝成功

田　萌

　　成功的范围很广，当你看到那些成功人士伟大又有贡献的一生，你是否会羡慕他们？是否也想成为像他们一样的人物？众所周知，成功不是一日甚至几年就有结果的。你只看到那些功成名就之人此时的荣耀，却不一定知晓他们背后所下的百倍努力及日日挥洒的汗水。所以，你想成功啊，要找到适合自己的途径，再配上日复一日、年复一年的努力，才有可能获得属于你的成功。

　　有的人度十年如一日，收获颇丰；而有的人度一日如十年，碌碌无为。只是空想，而把行动推迟到明天的人，不会成功。今天的事情必须今天做，因为明天还有明天要做的事，应把每天的事务有理合适地规划一下，该做什么的时候做什么。正如古人说："一日一钱，千日千钱，绳锯木断，水滴石穿。"想成功不能懒惰，不仅仅要的是你的坚持，更要你时时不休地勤奋。

　　我不否认每个人天资不同，有的人生来脑瓜好使，一教就会；可有的人记忆不好，十遍也不一定会。然而，从小拙笨的孩子，长大后有大成就的人比比皆是。例如大科学家爱因斯坦，他小的时候，有一次老师让做手工，把自己最满意的作品交上来。别人交的东西真是精美，可轮到爱因斯坦时，他交上来一个歪歪扭扭的纸折板凳。老师很生气，就说："简直没有比这更糟糕的作品了！"没承想爱因斯坦从书包里拿出两个更加不忍直视的纸板凳。"老师，"爱因斯坦说，"这个我已经很满意了，比起这两个先做的。"后来，他凭借自己的努力，成为举世瞩目的大科学家。

实实在在、一步一步突破并前进是动力，后天的勤奋是辅助，再加上自己高尚的思想境界，这样的人我认为才能够成功，才能够有光明的前途。

成　　功

吴文洁

055

成功，一个我们特别熟悉的词，但是，它到底是什么意思呢？在我们的生活中，我们希望做任何事情都能成功，但往往不能如愿以偿。

作为一个学生，考试成绩是很重要的，每次测试成绩发下来，心情就会从山顶跌落到谷底，然而有些人却比自己强很多。你有想过为什么吗？比别人学习努力，但结果仍然不理想的原因，我曾静下心来仔细想过，后来，我终于想明白了，别人在死记硬背时，我也在死记硬背；别人在玩耍时，我也在玩耍……那些都是别人学习的方法，我为什么要模仿他们呢？然后，我就学会去找适合自己的方法，结果表明，我的想法是正确的。所以，找到适合自己的方法是通往成功的重要一步。

勤奋是通向山顶的台阶。古时的匡衡，因家里贫穷，无法买起油灯，以至于晚上无法读书。于是，他就在墙壁上凿了一个洞，每天站在墙边，借邻居家的烛光日夜苦读，后来一度深得皇上赏识。又如发明家爱迪生，他在发明灯泡的过程中，不知失败了多少次，但是他并没有因失败而消极，他最终成功地发明了灯泡，被世人永远地铭记在心。如果他们当初没有那么勤奋，他们也不会有后来的成功。

当然，我们还要多与他人谈论自己的感想，可能会从中获得灵感，可以更快乐地走向成功。

找到适合自己的方法，并且坚持下去，这是成功的必由之路。

多多的趣事

　　多多眼睛里发出微弱的光，半睁半闭，它的眼神里有悲伤，有痛苦，好像在责备我说："小主人你为什么要用热水来给我洗澡？时间还那么长！"突然一滴水滴在我手背上，是多多，是多多的泪，接着两滴、三滴，一共滴了三下，每滴一下我的心就痛一下。

因你自豪

鲁奕含

　　我的家乡在湖北省襄阳市。它具有两千八百多年的历史，不仅依山傍水，景色秀丽，还有那无数的美食和说不完的历史故事。

　　在我的家乡有一条伟大而又美丽的河，它就是我们的母亲河——汉江。它养育了一代又一代的襄阳人。清晨，第一缕阳光洒在江面上，金光闪闪，耀眼极了。伴随着"嘟——"的一声汽笛声，轮船穿梭在江面上，开始热闹起来。晚上，红的、黄的、绿的、蓝的霓虹灯倒映在江面上，五光十色，光彩夺目。母亲河没有黄河的波涛汹涌，却有一份安详与静谧；母亲河没有黄河的波澜壮阔，却凝聚一份清澈与淡泊；母亲河没有黄河的雄奇险峻，却给人一种文雅与秀美。

　　襄阳自古以来，涌现出许多杰出的人物，经历过大大小小的战役。从金庸小说里的郭靖守襄阳城抗蒙古大军，到汉世祖光武帝刘秀，再到《三国演义》里的刘备三请诸葛亮，大诗人孟浩然、张继，画家米蒂……他们在这片土地上留下了光辉的足迹和创造了荆楚灿烂的文化。

　　说起襄阳的美食，不禁会想起色、香、味俱全的牛肉面。筋道的面条里伴着红彤彤的牛油汤，上面铺满了大块大块的牛肉，在撒点儿绿色的小葱，吸溜一口，香里透着辣，辣里伴着麻，刺激着你的每一个味蕾。再喝上一口浓郁的牛肉汤，立刻让你神清气爽，心旷神怡。除此，还有酱香浓郁的孔明菜，色焦黄、香脆的金刚苏，香甜可口的流水西瓜，营养丰富的黑木耳……保证满足你味觉的各种需求。

这就是我的家乡，一个历史悠久的城市，我因你自豪，因你而骄傲。我爱你，襄阳！

魔力之都

柳语凝

我的家乡是一个国际大都市，也是全世界最繁华的城市之一，有人说它是魔力之都，所以大家又喜欢叫它"魔都"。它就是——上海。

上海在大家心目中一定是白日车水马龙、夜晚灯火通明的不夜城，犹如浓妆艳抹的时尚美女，每天吸引着世界各地的游客络绎前来。但在我心中它更是别有风情的清新少女。

如果你在深秋时节来上海，随意走进一条小巷，你会看见金黄色的梧桐树叶铺满整条小巷。踩上去发出"嘎吱、嘎吱"的声音，让你的漫步也有了节奏感。巷口转角是家书店。透过透明的玻璃能看见店员正在忙碌地整理着书籍。几个孩子正在沙发上认真地读着书，不知是看到了什么有趣的情节，嘴角微微泛起笑意。有的孩子则迫不及待和伙伴分享着感受，银铃般的笑声穿过窗户玻璃，飘散在微风中。往前走几步会看到间咖啡馆。推开门，伴随着一阵"丁零、丁零"的风铃声走进去，鼻端传来浓浓的咖啡香味。墙角一只小猫正趴在落地玻璃边打着盹。点上杯咖啡，翻开本书，让纸香混着咖啡香萦绕在休闲的时光里。上海是座文化之城。

如果你在满园春色的时节来上海，站在繁忙的街道上，你总能看见白领们行色匆匆。他们穿着笔挺的深色西装，拎着黑色的公文包，梳着一丝不苟的发型，快步走向车站或是面有急色地挥着手找着出租车。街对面，学校的放学铃刚打响，孩子们就像开闸放水般涌出来。他们有的手牵手有说有笑地走着，有的一脸的不高兴，想必又犯了什么错被老师批评了，还有的高举着考卷飞奔出校门急切地寻找着父母的身影，想去报喜。校门口霎时热闹起来，仿佛打翻了鸡窝，一片叽叽喳喳之声。路边华灯初上，歌舞升平的夜生活刚刚拉开序幕。上海是座忙碌之城。

在不同的人眼里，上海有着多面的形象，这也正是它的魅力所在。有首歌唱得好："上海是我长大成人的所在。"我的家乡没有江南水乡的温柔似水，没有黄土高原的洒脱豪迈，但它独有的海派文化，却是海纳百川，独领风骚。

060

诱人的臊子面

田星文

我的家乡在陕西。陕西的名胜古迹、民俗传说，说也说不完。陕西面更是多种多样：且不说声色俱全的油泼面，也不说柔韧筋道的刀

削面，单说众人皆知的臊子面，就让人垂涎欲滴。

臊子面的汤讲究的是油、煎、汪。那汤看起来就像一幅流光溢彩的油画。汤底上漂着红艳艳的辣子油，水光潋滟，像一汪红色的湖水，又像一弯燃烧的红月亮。洁白的瓷碗就像给红月亮镶了一圈耀眼的白边，红油把白碗显得更加冰清玉洁，白碗衬得红油更加鲜艳夺目。在"红月亮"上，点缀着金灿灿的鸡蛋、黑黝黝的木耳、绿生生的葱花、黄澄澄的土豆、咖啡色的臊子肉……红油和配菜搭在一起，色彩斑斓，赏心悦目，像夏日傍晚的天空，像热情奔放的舞曲，又如丰富多彩的人生。

臊子面的面讲究的是薄、筋、光。那面条像一条条光滑银线，又像龙王一根根雪白的胡须，又细又长。迫不及待地挑起几线"龙须"，送到嘴边，"哧溜"一声，猛地一吸，好筋道啊！端起碗，"呼噜"一声，喝一口汤，又酸又辣，好暖和啊！一碗下去，浑身冒汗，全身的毛孔都舒畅了！

我的家乡有数不尽的美食，臊子面只是其中的一种。我的家乡还有看不完的美景，说不完的历史和传说……我为我的家乡感到自豪。

061

我 的 家 乡

于耀涵

我的家乡在天津。

天津有一条著名的河流叫"海河"，它是天津人的母亲河。海河

多多的趣事

蜿蜒曲折，像一条长长的巨龙，又像一面又长又宽的镜子，还像一条蓝色的丝带贯穿在城市的中央。它不像黄河的波涛汹涌，也不像桂林的水一样静得神秘，而像温柔的手抚摸着天津。在海河上建着一座解放桥，每当有高大的货船经过这里时，它都会友好地打开，发出"咔啦啦、咔啦啦"的声音，像是欢迎的、热情的鞭炮，又像是用声响在提醒货船："快点儿，客人都等急了！"还像是鲸鱼的嘴要将货船吞进嘴里似的。在海河的永乐桥上建着一座摩天轮，天津人称它为"天津之眼"，它又圆又大，像一只水汪汪的大眼睛守望着我们美丽的津城。它是亚洲唯一建在桥上的摩天轮，也是世界上最高的摩天轮。在夜晚的时候，它闪着五光十色的光点，像一只只小眼睛一眨一眨的，又像黑暗天空中的星星，还像夜空中燃烧的火焰，有紫色的，黄色的，红色的，蓝色的，绿色的，五彩斑斓，梦幻无穷，美丽无比！

天津不但景色美，还有著名的小吃，津人称之为"天津三绝"。一绝是"狗不理包子"，二绝是"耳朵眼炸糕"，三绝嘛，就是"十八街大麻花"了。

最有名的要数狗不理包子了。一笼包子出锅后，一个个白白胖胖的包子先生，顶着十八个褶的帽子，穿着做工非常精细的礼服，好像在说："难道哥不帅吗？"。外皮摸起来柔柔的，软软的，像一块大海绵，又像一块棉花糖，吃起来可口不腻，菜有菜的味道，肉有肉的味道，肉吃起来软糯柔嫩，菜使肉更加美味，没有了油腻，含在嘴里回味无穷。耳朵眼炸糕跟汤圆似的，但又比汤圆大，圆滚滚像个乒乓球，放进油里炸完之后，外面的皮嚼起来"嘎嘣嘎嘣"地响，而里面的豆沙甜甜的像是用红糖做的。十八街麻花又粗又长，像一条麻绳，嚼起来"嘎嘎"直响，脆脆的，酥酥的，甜甜的，我喜欢吃。许多国外友人来到天津，都必须要尝一下这天津三绝，难道你听了以后不流口水吗？

这就是我的家乡——天津。你是不是也觉得它很美丽、很迷人

人说山西好风光

刘 欢

"人说山西好风光,地肥水美五谷香。"我就生活在这块如仙境一般的地方——山西晋城。这里有优美的风景,令人垂涎三尺的风味小吃,每年都会引来许许多多的游客。

阳春三月,这里漫山遍野开满了胭脂花,长长的花茎托着糯米团大小的一个球,球上开满了挨挨挤挤像糯米花似的小花。她们围坐在一起,外层雪白雪白,中间是胭脂粉色,在绿叶的映衬下,白里透着粉,粉里透着红,像羞涩的少女的脸庞。我仿佛听到胭脂花仙子在优美地合唱,那一个个美妙的音符从天际飘来,并伴着特殊典雅的清香。相传王母娘娘在瑶池洗完澡使用胭脂时,不小心打翻了胭脂盒,所以得此美名"胭脂花"。

欣赏了美景,我们来品尝一下美食。我最喜欢吃羊杂汤,外加两个又圆又黄的煎饼。瞧!羊杂汤端上来了,一股鲜香味扑鼻而来,雪白的羊汤里散着晶莹剔透的粉条,有碧玉般的萝卜片,有鲜红的羊肉、羊血,上面还缀着一小撮油绿绿的香菜、葱花。我的口水都要流下来了,于是迫不及待挑起一根粉条,先找到头"哧溜"一下吸到口中,又滑又嫩又爽。接着吃萝卜、羊肉、羊血,肉是鲜香的,血是细腻的,萝卜是清爽的,最后将羊汤一饮而尽,顿时畅快淋漓。由于吃粉条时用力过猛，把汤汁溅得满脸都是，妈妈笑我像小猫，于是我又叫它"乐开花"。再说那煎饼外脆里嫩，金黄黄的像皇室用的碟子，与那碗美味的羊汤搭配起来简直是一绝。

我爱我的家乡，欢迎你来游玩、尝一尝这里的美食。

美丽的丹河

杨 欣

我的家乡在山西晋城，这里有一条美丽的长河——丹河，是我们晋城人民的母亲河。

丹河的源头在高平，途经晋城又有许多山涧小溪汇集其中，我们喝的水都是取自那里。

远看，两岸青山耸立，丹河宛然一条晶莹剔透的绿色绸缎，绿得那样无瑕。她静静地流淌着，流向遥远的未来。

这里有目前亚洲最大的单孔石桥——丹河大桥。主孔净跨径一百四十六米，已被正式列入吉尼斯世界纪录。它好像大鹏展翅横跨丹河南北两岸，天堑变通途，汽车在桥上奔驰，小船在桥下缓缓行驶。

近看，这里风景迷人。阳春三月，来到这里，绿水盈盈的河面宛如翡翠一般夺目，微风拂过，河面泛起一圈一圈的波纹，像天上的星星都掉到了绿色的轻纱上，一闪一闪地向我顽皮地眨着眼；像洒下的银屑，散着夺目而耀眼的光芒；又像母亲慈祥的笑脸。鱼儿在母亲的怀抱里戏玩，青蛙在开着演唱会，尽情地高歌，蝴蝶在给它们伴舞，一切是那么和谐。河边桃红柳绿，草色青青。如果说大自然是万物之母，那么丹河就是母亲的血液了。

每年，我们学校都有一项重要的活动——春游，目的地就是丹河。每到这时，我们都会背上锅碗瓢盆，到那儿野炊，而我们用的水，就是直接饮用那里的山泉。我们还在小河里捕鱼，然后做成一锅美味的鲜汤，因为山泉甘甜，做出的饭菜美味可口。同学们大口大口嚼着白花花的大米饭，不时配两口菜，喝一口水，我吃你一口，你吃我一口，看着就馋人的饭菜顿时更香了，虽然不是什么山珍海味，却是童年最美的味道。每每这时，我们的脸上洋溢着幸福，也洋溢着美好的梦。

因为这里迷人的景色，一年四季都会引来许多游客来这里游玩、野炊、摄影。据说，丹河是在长平之战时，白起杀掉的人血流成河，故名丹河。丹河它流的不只是一汪清水，更是五千载的中华历史文化，当然，还有不可估量的未来。

家乡的色彩

王予骁

我的家乡在广西南宁，那是一座热情似火、绿树成荫、瓜果飘香的美丽城市。

南宁是绿色的。"半城绿树半城楼"，走在街道上，满目苍翠，令人流连忘返。一条条纵横交错的街道犹如一条条阴凉的绿色隧道，又如一条条碧波荡漾的河流，还如一条条在风中飞舞的绿色丝带。一阵阵微风拂过，树叶"沙沙"作响；鸟儿在枝头上"叽叽喳喳"地歌唱；花儿绽开了笑脸，红的、黄的、粉的、紫的，像赶集似的聚拢来，一团团，一簇簇，五彩缤纷，绚丽多彩。这仿佛是如梦如幻的仙境，又仿佛是在合唱欢乐动听的歌，或又仿佛是在欢迎远方到来的客人。

南宁是火热的。这座位于亚热带的城市，一年四季气温都很高。特别是到了夏季，天空中的太阳，就像一个熊熊燃烧的红色大火球，火光四射，晃得你睁不开眼；还像块被烧得通红的大烤炉一样，把人都烤黑了，烤蔫了。路边的柳树，也被热得耷拉着脑袋，知了在不停地叫，好像在说"热啊，热啊"。即便是到了中秋的季节，仍还如此炎热，让人大汗淋漓。跟天气一样火热的，是南宁人的热情。南宁人好客、礼貌、有爱心，"能帮就帮"是南宁人名片。街道上听不到"嘀嘀"的喇叭声；街道干净整洁，没有一丝垃圾；机动车主动礼让行人。安静、舒适、和谐的居住环境，让南宁获得了联合国颁发的"人居环境奖"，能生活在这样一个城市里，是那么温暖、幸福。

南宁是甜蜜的。这里四季瓜果飘香。街道两旁的果树，果实累累，空气中弥漫着甜丝丝的味道。黄灿灿芬芳香甜的杧果，浅褐色核小肉厚的龙眼，红彤彤甜得腻人的荔枝，金黄色又弯又长的香蕉，让你看着看着不禁"口水直流三千尺"，忍不住想大饱口福，一口咬下去，蜜汁四溅，能让你从嘴里一直甜到心里。

南宁的美，美在花瓣上，美在绿叶上，美在草尖上，美在果实上，美在我们的心上。

优美的画卷

陈逸升

我的家乡温州是一座东南海滨城市。这里有大大小小的江川河流，有绿意盎然的树木，生活在这里非常愉悦。

温州随处可见河流，我家旁边就有一条常年流水的小河，河里种着许多水草和水生花朵。夜幕降临时，听着呱呱的青蛙叫声，看着各种小鸟在河畔树木间叽喳嬉闹，闻着微风传送来的阵阵青草香，宛若置身一个大公园内。

067

从世贸大厦的高层上望去，温州城条条河流相互纵横交错，仿佛一张大网笼罩了城市，又像一个调皮的小孩儿拿刻刀把大地分成了许多块。这经络一般的河流真像城市的血脉，游走着延伸向远方，让整个城市充满着生机。

温州不仅河流多，还有两条有名的江呢！一条是远近闻名的楠溪江，一条就是母亲河瓯江了。浑浊的瓯江水翻涌流向东海，远远望去，像一条金黄色的丝带铺在了大地上。与此相反，楠溪江的水却是清澈透明、纤尘不染的。从水边的竹楼上望去，粼粼水波泛着浅蓝色的光，令人怀疑来到了海边；而走近一看，这水却清澈见底，水底的鹅卵石颗颗光滑，偶见几条小鱼快速地游过去，好像是在游泳比赛呢。

江河滋润了大地，也滋养着许许多多的树木。温州最有名的树就是榕树了，它是温州的市树，街道上、庭院里、河岸边，随处可见一棵棵大榕树。榕树都长得郁郁葱葱，树冠很大，似乎都能遮住整个蓝天；又像一把大雨伞撑开，为我们遮风挡雨。它的树干也特别粗大，需要好几个人手拉手才能合抱。树干上布满了皱纹，斑驳又蜿蜒，像农夫苍老的面庞；它的须根垂向大地，像农夫的胡须一般。它们就这么静静地站着，在河边，在巷尾，一站就是几百年。微风拂过，树叶沙沙作响，仿佛在向我们述说温州的百年沧桑故事。

家乡的江河树木共同描绘了一幅优美的画卷，我很爱我的家乡。

想念南溪

黄振赫

068

我的家乡在南溪。那里有高山，有清水，有香香的泥巴。

那里的山那么高，一座座拔地而起。有的像仰天长啸的雄狮，"嗷呜"地吼着；有的像昂首挺胸的公鸡，"喔喔"地叫着；还有的像腾空而起的蛟龙，龙飞凤舞地绵延着。站在高山下，山像巨人，我就像一只蚂蚁似的，显得那么渺小。从远处看，绿绿的山像一块青色的青绒幕布，台前的小鸡、小鸭、小鹅和赶着牛、牵着马、挑着水的农人，组成了一幅美丽的风景画。

那里的水那么清。我曾见过北京北海公园的湖水映着蓝天，似乎太蓝了。我又曾见过西湖花港观鱼的鱼池，仿佛又太斑斓了。其余的呢，郴江河的水太浑浊，东江湖的水又太雾了。南溪的水，清得能看见水底慢慢移动的沙石。一条一条的小鱼在水里快活地游来游去，它们互相追逐着，打闹着，唱着歌，跳着舞，仿若赶着去上学的小顽童。虾兵蟹将们，有的懒懒地睡着大觉，有的勤快地挥舞着大钳子做早操，它们伸伸手呀踢踢脚，嘴里还哼哼着"我就不会老"。

那里的泥土那么香，香得可以用来做调料。傍晚，乡村的孩子们，装上一盆泥，拌成糊状，厚厚地裹在鸡蛋上，做成一个个泥巴球。把泥巴球扔进柴火灶里，三十分钟后，香味扑面的泥巴球就出炉了。剥开外面厚厚的、硬硬的泥巴，里面就是鸡蛋；剥开脆脆的鸡蛋壳，里面就是软软的鸡蛋肉；吃掉外面绵绵的蛋白，里面就是粉粉的蛋黄；吃掉里面的蛋黄，满嘴都是清香扑鼻的土鸡蛋味。我仿佛被泥巴球的香味给融化了。真是此蛋只应地上有，天上能有几回吃。

我想念南溪的山、南溪的水、南溪的泥巴球，就连在溪里慢慢移动的沙石和带着沙石走的流水我都想。

我爱你，家乡

杨喆皓

我的家乡是南宁。它富饶美丽，有着许多美丽的地方。要说景物，最美的不过青秀山的桃花园了。春天的桃花园，白的、红的花都开了，白的白中透点儿粉，红的红中透点儿紫，仿佛一团团云霞落到了这里。一朵朵桃花开着，开得十分娇嫩，它们争先恐后地开着，展现着自己的娇艳和芬芳，仿佛一个个娃娃在展示着自己的笑脸。

桃花源美的时候可不止在春天，春末夏初花落的时候同样美不胜收。也许你会问我，花都谢了，那还会美吗？当然了，花谢时的美，并不逊色于花开的时候。随着春风的吹拂，一片片细碎的花瓣，自由，散漫，从树上落下，它们在半空中画出了一道道美妙的弧线，仿佛天上下起了桃花雨。若你走在这里，踏在这花瓣上，看着这满天的桃花雨，你会觉得步入了仙境一般。唯有几朵桃花还在顽强地开放着，有的花开，有的花落，相映成趣。桃花园花落的时候，那细碎的美是花开的时候比不了的。可桃花园花开的时候那饱满的美，同样是花落的时候比不了的。

南宁不仅有美丽的风景，而且还有许多著名小吃呢，其中最著名的小吃就是我们南宁的老友粉了。今天我就到了"天福香"老友粉店品尝了一碗美味的老友粉。

一碗粉被端上，一股老友粉的香味便扑鼻而来。汤呈淡棕色，粉盛在里面，黑豆、酸笋、猪肚、猪肠点缀其中，汤很足，料极多，搭配得如此美妙。老友粉，虽说没有螺蛳粉的香辣，也没凉粉的酸爽，但它那酸辣的味道，却是螺蛳粉和凉粉比不了的。我捞起一勺粉，配着汤，猪肚和酸笋也一起放入口中，一股酸辣的味道瞬间弥漫在我的舌尖。我一咬，酸笋酸的味道和猪肚的筋道，与汤完美地融合在一起。在这融合之下，酸笋的味道显得更酸，猪肚也越发筋道。这一瞬间，我仿佛处于一个由酸辣鲜香所组成的世界！这一刻，幸福值简值爆表了！我二话不说，抓起筷子就吃起粉来，一边吃粉一边喝汤，这种酸辣鲜香的味道简直布满了我的喉咙！我吃得汗流浃背，到了最后竟然还没吃过瘾！

这就是我的家乡——南宁。有着美丽风景和美味小吃的南宁，我爱你！

家乡的美

韩亦晨

在其他人的眼中对于家乡的感觉和味道似乎只有时尚和美食，但在我看来，我的家乡古韵今风别具一格——它就是"天堂"苏州。

来到那悠长悠长的平江路，看着两边花窗木门的江南小楼建筑，走在那青绿色的石板路上，我仿佛一下子穿越到了古代，想象着自己脚蹬木屐，身穿宽松长衣，手拿酒壶，闲庭踱步创诗作曲，好不悠哉！

瞧，路旁那不宽不窄的小河上飘来一艘乌篷船，艄公撑着篙，载着几个游客，慢慢悠悠行在河中，两岸的景色尽收眼底。走累了，坐在路边的石凳上，看着路上人来人往。几个穿着旗袍，围着丝巾的女子，展示着江南女子特有的婀娜与柔美，我仿佛闻到了一股花香，淡雅、宁静，宛如盛开的荷花，绽放出苏州独特的韵味。

站在虎丘塔下，这座一千多年屹立不倒的"东方比萨斜塔"仿佛还有着范氏家族的灵魂，保佑它不被摧毁。我一步步地走上台阶，气喘吁吁地爬到塔顶，眺望着姑苏城内，城里的小桥流水、古房古墙都变得孤立而渺小。

如果你再跟着我走过那一座座城门，你会被它们的伟岸征服。它们经历过沧桑变迁，也承载过毁誉荣辱，它们没有皇城北京的华贵，也没有古都南京的气势，却让小小的苏州城庇护在它们的羽翼下。

我的家乡，还有很多很多的美好，说不完，道不尽，只待你亲临感受。

美丽的镇江

陈基丰

我的家乡在镇江，镇江的美景和美食，足以让每个来这里的外乡人赞叹、留念。

镇江有四大名山，有风景美丽的金山，有古朴幽雅的焦山，有历史浓厚的北固山和群峰连绵的南山。其中我认为最美的就是金山了。

金山就坐落在金山公园，在公园里有一池金山湖。湖面有好多小游艇，黄色的，红色的，蓝色的……好多好多，数也数不过来。若是你夏天来到这里，金山湖开满了荷花。粉色的荷花，碧绿的荷叶，煞是好看。风一吹过，它们仿若无数涂了腮红、穿着绿色长裙的少女在扭动着身姿，有的在跳着优美的芭蕾舞，有的在跳着优雅的探戈，还有的在跳着欢快的现代舞，好不热闹呀！若是你秋天来这儿，那又是另一番风景，岸旁边有芦苇，微风吹过，荻花便"沙沙"作响。到了傍晚，极目放远，"落霞与孤鹜齐飞，秋水共长天一色"的景象，便尽收眼底。

金山的山顶有座寺塔，呈土黄色。爬上山顶，再登上高塔，我累得大口大口地喘着粗气，望着眼前的风景，那是更为惬意，更为爽快的。山下的风景，长桥、楼阁、绿树、小船都变得孤远而渺小。而此时的寺塔在夕阳的照射下，那土黄色便显得金光闪闪，越发显得高大和雄伟。

镇江的美食，一定会让你留恋，只要你望见，你的眼睛便会盯在上面，移也移不开的。镇江香醋，享誉海外，它酸而不涩，香而微甜，色浓味鲜。而肴肉呢，它肉红皮白，光滑晶莹，如玉石，如水晶，如玛瑙，让人不忍下筷入嘴。最好吃的那就数锅盖面了。一大碗热气腾腾的锅盖面，你闻一闻，那股特有的香随着斜飘的热气，钻入鼻子，诱惑着你的味蕾。在里面滴上三两滴香醋，那股香气"哧溜"就滑进了所有的感官里。此刻再夹上一块晶莹剔透的肴肉，放在嘴里一咬，软软的，烂烂的，油顺着嘴角挤出，让排着队还吃不上的人直把口水往嗓子眼儿里咽。当你连汤都喝完时，真是回味无穷，真想再来一碗呀。镇江有这样一个顺口溜："锅里煮锅盖，香醋不会坏，肴肉不当菜。"

这，就是我美丽的家乡，我美丽的镇江。怎样，心动了吧？心动不如行动，快来玩吧！

073

家乡的四季

谢佰儒

我的家乡在宁波东钱湖，那里一年四季都有不同的颜色和景色。

春天，东钱湖是绿色的。湖水好像一块碧绿的翡翠，静静地闪着绿色的光耀，杨柳吐出了绿芽，小小的绿叶倒映在碧绿的湖水上，显得绿上加绿。湖边除了柳树还种着各种各样的树，它们都是闪着绿绿的光芒，那绿色是很浓的，一片片树叶，不管是大的还是小的，不管是长的还短的，都像是被油漆给刷过似的。

夏天，东钱湖是多雨的。雨点落在湖上，湖面荡出阵阵涟漪。远方一艘小船慢悠悠地前行着，披着蓑衣的船老大依然照往日的节奏"嘿咻嘿咻"划着桨。雨一滴滴地落在树叶上，发出"滴答、滴答"的响声，那声音轻快又有节奏。

秋天，东钱湖是宁静的。只有那些忙着丰收果实的人们，在果园里"嘿哟！嘿哟！"干着活。湖畔的树叶不知何时悄悄地变成成片的杏黄色，一阵微风吹过，树叶悠悠然从空中飘落下来，盖在人行道上，踩在脚下，发出"沙沙"的声响，绿色的枫叶变成了火红色，似乎风一吹，就能燃烧起来。路边的果树枝头上挤满了果子，好像正等着人们来采摘。

冬天，东钱湖是寒冷的，但寒冷并不能阻挡人们的热情，大家还是早早地出来，在湖边锻炼身体。远远望去，湖面上像一个大蒸笼，冒着一丝丝雾气，一阵冷风吹过，雾气扑向了正在晨练的人们，人们不由得缩了一下脑袋。在照不到太阳的湖边角落里，还有一块块薄薄的冰浮在湖面上，不时有调皮的小孩子用棍子在敲打。湖边一排排柳树显得孤零零的，往日茂密的树叶只剩下光秃秃的枝条，它们像一位位高大威严的士兵，守卫着美丽的东钱湖。

这就是一年四季的东钱湖，也是我最美丽的家乡。

家乡的枣树

方　杰

我的家乡有许多枣树。

枣树生长速度很慢，通常十年左右才能长成碗口粗，但是当年栽活的小树当年就能开花结果。它的枝条上布满针样的长刺，叶子是绿色或浅绿色的。

春天，沉睡了一冬的枣树像刚睡醒的孩子，伸伸懒腰。树杈上伸出一些绿色的小头，像是在欣赏这个明媚的世界。在人们不知不觉间，朵朵小花在叶子底下绽开，像害羞的小姑娘，香味真是醉人！如果你折上几根枝条插在瓶里，香气好几天不散，令人陶醉。

夏天，绿色的小果子长了出来，它们顽强地承受着太阳的炙烤。枣树是一种非常耐旱的植物。我的家乡素有十年九旱的说法，眼看着庄稼挺不住了，别的树木也蔫了叶子，但唯独枣树不怕干旱，依然生机盎然。那时你若看一看枣树，就会被它不怕困难的精神感动。这时的枣要是生着吃会又涩又酸，吃不得的；不过，仍有些淘气的小孩子爬上枣树去摘下还没成熟的小绿枣，放到火上去烤。不一会儿烤熟了，咬一口，还挺有味道的。

秋天，是收获的季节，各种各样的枣也都成熟了。有像梨一样酥甜酥甜的梨枣，还有沙甜沙甜的沙枣，也有酸甜酸甜的团枣，一颗颗大大小小的果实缀满枝头。绿色的叶子，红色的枣，好一幅美丽的风景画！置身枣林，如入仙境，让人心醉，让人垂涎。

朋友，如果你有兴趣，今年秋天，我带你去我的家乡走一走，保你吃够天下最美的红枣。

美丽的森林公园

倪董润

在我的家乡福州，有一座美丽、壮观又可爱的森林公园。

说它美丽吧，是因为这里的水山让游客们陶醉。坐在公园的八角亭里，远远望去，青色的山、绿色的水、朱红的琉璃瓦尽收眼底，再配上哗啦啦的流水声，好似一幅清新的山水画。这只是森林公园的皮毛，走进深山，周围的树一棵挨着一棵，好像在向你问好；潺潺流水环绕四周，仿佛要给你一个热情的拥抱。

说它壮观吧，是因为这里的山一座连着一座，山坡陡峭，山路曲折，站在山崖上往下看，一眼望不到尽头，真可怕！不仅如此，山石还有不同的形状，有的像在河边喝水的大象，有的像正在捕食的猎豹，还有的像昂着头、挺着胸的大公鸡……山上有一块神奇的回音壁，在那里叫上一声，声音随着山谷飘荡。如果叫得超级大声，甚至城里的人都能听见！有一次，我在回音壁上大喊了一声："你好啊！"只听见对面也有人回应我："你好啊，好啊，好啊……"声音、口气跟我简直就是一个模子刻出来的，真是太神奇了！

　　说它可爱，是因为公园里有一座鸟的"天空之城"——鸟语林。那里有成百上千只鸟，有红的、黄的、蓝的……叫的出名的，叫不出名的。每一只鸟都不相同，有的穿着黑西装，有的披着白斗篷，还有的穿着各种颜色凑成的礼服。鸟儿们叽叽喳喳地叫着，仿佛在向游客们传递着快乐的音符。鸟语林里随处可见鸟儿的家，鸟儿们挤在一起，凑在一起，住在一起，玩在一玩，让人感受到家的温暖。

　　炎炎夏日，森林公园的高山流水、鸟语花香汇聚在一起，仿佛一首悠扬委婉的古琴曲，带给每一位游客清凉和惬意。

说不完的故事

高　宏

　　我的家乡在中国首都北京，这里有许多名胜古迹，有富丽堂皇的故宫、古色古香的颐和园、雄伟壮丽的长城，还有巍峨壮丽的天安门城楼。天安门城楼坐落在天安门广场的北面，天安门广场中心有壮烈的人民英雄纪念碑，纪念碑的东面是藏着无数奥秘的国家博物馆，博物馆的西面是庄严的人民大会堂，国家的重要会议是在这里举办的。这里有闻名世界的体育馆：雄伟壮观的鸟巢、亮晶晶的水立方等等。

　　北京有各种各样的博物馆，有坦克博物馆、航空博物馆、汽车博物馆、火车博物馆、科技馆、天文馆、地理博物馆、自然博物馆、恐龙博物馆、美术馆等等，每个博物馆都有不同的风格，都陈列着不同的展品，在这里能学到很多的知识，并能找到自己想要探寻的秘密。

北京还有古老的四合院，仅存一些少量的大杂院和各种各样的胡同。胡同里有川流不息的游客，他们都来自世界各地。胡同里售卖各种各样的北京特色小吃，有酸酸甜甜的冰糖葫芦、驴打滚、爽口的爆肚、麻豆腐、稠稠的卤煮、炒肝、香脆的灌肠等等，还有北京老字号的烤鸭和炸酱面。这些小吃在前门大栅栏或者一些北京特色饭店都可以吃到。大栅栏有小朋友都喜爱的铛铛车，我最喜欢跟着铛铛车赛跑。

北京有吃不完的食物，看不完的景物，说不完的故事。

我家有只"霸道羊"

辛晨风

我有一个弟弟，才两周岁半，因为是在羊年的阳春三月生的，所以爸爸妈妈给他取小名叫洋洋。可此"洋"非彼"羊"，羊是善良大方，可他却是横行霸道，所以我又给它取名叫"霸道羊"。

"霸道羊"那圆圆的脸蛋儿上嵌着一双水灵灵的大眼睛，像黑色的葡萄。眼睛下面是一个小小的鼻子，这鼻子还很灵敏，像狗鼻子一样。鼻子下面是一张粉嘟嘟的大嘴巴，嘴巴里长着几颗漂亮且尖利的虎牙，可爱极了。

"霸道羊"可霸道了，有一次，我把家里最后一根冰棒给吃掉了，"霸道羊"生气了，于是拽着我的衣服追着打，张牙舞爪地扑向我，露出那尖利的虎牙狠狠地在我手臂上咬了一口。妈呀，这次第，怎一个疼字了得呀！还好我妈及时来制止了他，要不然我可就葬身在这"霸道羊"的虎牙之下呀。

羊吃草，可"霸道羊"却不吃素。羊是细嚼慢咽，"霸道羊"却是狼吞虎咽。平时家里的菜肴中，只要有肉，他绝不碰素，只要没肉，他也绝不找素。还有一次，妈妈买了一个大杧果，他一见到立马抓起来就啃，大口大口地吃着，恨不得把整个大杧果给吞下肚，真是一副狼吞虎咽相。

"霸道羊"不仅霸道，他还很活泼好动。他最喜欢的运动项目就是跑和跳。只要一有空，就立马出来跑几圈，如果说有吃的，他就更有劲了，像小哪吒踩着风火轮，急速飞奔过来。"霸道羊"还很能跳，能跳很长时间，跳得也蛮高的。有一次要跟我比赛，还超过我了，他高兴地连蹦带跳地跑过去告诉妈妈，兴奋地说："妈妈，妈妈，我赢啦！我赢啦！"

怎么样，我这个弟弟霸道不霸道，活泼不活泼？你们喜欢我这个"霸道羊"弟弟吗？

我的捣蛋鬼妹妹

王　洁

我那刚满四岁的妹妹，剪着齐耳短发。她最喜欢看动画片《爱探险的朵拉》，她觉得自己像剧中可爱的朵拉，但是我觉得，她就像那只捣蛋鬼狐狸。

这捣蛋鬼妹妹，经常不好好吃饭。刚开始的时候还很斯文，正襟危坐，左手端着碗，右手拿着筷子，规规矩矩地夹菜吃饭，细嚼慢咽。可当她吃到七八成饱的时候，就开始捣乱了。只见她，用两爪掏菜抓饭，把头高高昂起，将菜饭一股脑儿送入口中；接着把头伸到大汤盆里，吸溜吸溜地喝汤，一副猪八戒的模样；最后舔舔唇，咂咂嘴，把盆子倒扣在头顶上，敲得"当当"响，那手舞足蹈的滑稽模样，像足了街头卖艺的，就差拿着盆，叫我们赏银两了。

这捣蛋鬼最可恨的，是肆无忌惮地"侵略"我的"领地"。她常常溜进我的房间，左转转，右逛逛。我写作业的时候，她就站在桌旁，托着腮帮，侧着脸奶声奶气地问我："哥哥，你什么时候写完，陪我下去玩呀？"有几次，好端端的解题思路就这么给打断了。我生气地捏她那粉扑扑的圆脸蛋儿，想轰走她。可她哪有那么好惹？小脸顿时涨得通红，叉着小腰肢，厉声喊道："哼！就是要你陪我玩！"我要是不答应，她就伺机捣乱，翻我的书包，拿我的课本，画我的作业。一旦她闹过一场，我的房间必定乱七八糟，狼藉不堪，既像日本侵略者扫荡过的村子，又像齐天大圣闹过的天宫。捣蛋鬼扬长而去，我简直欲哭无泪！

可这捣蛋鬼也有特别乖巧的时候。当我上网络课时，她也爱来凑热闹，端坐在我身旁，目不转睛地盯着屏幕，嘴里念念有词。她背诗时，一本正经，摇头晃脑的，让我自叹不如！当她激昂地朗读"这被暴风雨所打击着的土地"，当她低沉地吟诵"错错错、莫莫莫"，当她高亢地喊"五花马，千金裘，忽而将出唤美酒"时，我那从来不读诗的爸爸惊讶的眼睛瞪得老圆，将她搂住，在脸颊"啧啧啧"地亲个不停。她则满意地笑着，露出洁白的牙，眼睛眯成了线，显得格外得意。

这个长得像朵拉一样的捣蛋鬼，时而和我亲密无间，时而和我"反目成仇"，真是让我又爱又恨哪！

我家的"卫生部长"

黄秋杰

从记事起，我就知道妈妈很爱干净。爸爸笑称她像个"卫生部长"，久而久之，竟成了固定绰号。"卫生部长"的一天，是在扫洒中开始的。椅子沙发，锅炉灶台，无一不至。不管是头发丝、棉絮还是尘埃，在我家都无所遁形。她最看重的是地板卫生，取来一桶水，手持一张大棉帕，沾湿了以后，就跪在地板上一道一道地抹洗，条条的水痕，像是精心耕耘的田垄，像是天上道道的彩虹。她忙得腰酸背痛，但脸上的笑容犹如绽放的花朵。

"衣贵洁，不贵华。"这是我家"卫生部长"的至理名言。小时候，我们一耍起来就忘了叮嘱，随处席地而坐，摸爬滚打，上蹿下跳，早上还干干净净的衣服，晚上就已经面目全非了。"部长"妈妈当然免不了唠叨几句。然后她把衣服拿去浸泡、揉搓、荡涤、拧干，然后置于空旷处暴晒，再收起整平。每天，穿上那些洁净的衣服，浑身散发着太阳光的芬芳味道，被温暖重重包围，某种自豪感油然升起。

后来，我家开了煤气店，"卫生部长"就把此等卫生标准带到店里去了。别家店面，对客户送来的那些锈垢斑斑的煤气瓶子，熟视无睹，帮忙加满煤气便原瓶送回，我家"部长"可另有一番风范。不论炎炎夏日，还是凛冽寒冬，她每天戴上橡皮手套，穿上水靴，把煤气瓶子外面的油渍污垢，全部刷洗干净。

送来修理的煤气炉子，沾满了油盐酱醋，像油画布一样斑斓。她用铁丝钩缝隙里的污垢，用棉签掏炉心里的残渣，用钢圈刷表面的锈斑。总之，客人送来的是"大花脸"，她要还人家一个如新锃亮。她的执着讲究，她的一丝不苟，赢得了街坊邻居的信赖，赢得了同行对手的钦佩。

我家的"卫生部长"，几十年如一日地操劳，皱纹爬上了她光洁的额头，岁月染白了她油亮的青丝，柔嫩的纤纤细手变得像老树皮般粗糙。我家的地板天花、家具器皿、衣服被单，店里的煤炉气瓶，都见证了"部长"妈妈的与众不同。我们以前埋怨她，如今却越发钦佩她。

082

我没有上动员课

冯济元

今天下午，我刚睡醒，妈妈跟我说："晚上7点要上作文动员课。"我大吃一惊，我一直以为语感班就是作文班，没想到语感班和作文班是分开的两个班！我想周五也有课，周日也有课，真烦！因为我晚上想和爸爸去散步的，这个突如其来的消息打破了我的计划。我很不高兴。妈妈察觉到我的情绪，她脸色有点儿不好看。她说："我现在已经把我所会的都教给你了，现在需要从外界吸取新知识，因

为我已经没有能力辅导你了。你如果想停留在这个水平上，你可以不学。但是我想学。我想写更好的文章。"

过了几分钟，妈妈好像平静了。她拿出她的手机，打开微信，翻到其中一页给我看。她的朋友说，她的老板想让她当主管，可是当主管要写很多文章，所以她当不了。她感觉很苦恼，找妈妈倾诉，后悔当时没有好好读书，导致现在不会写作文。

听完这些，我的心里好受了一点儿，但我还是不想上动员课。妈妈说："好吧，动员课你可以不上，但从下个星期开始，你一节课也不能落下。"

今天晚上，妈妈在房间里听课，她一边听一边做笔记，我偶尔跑进来，听到了一小段，老师说："好作文不是写出来的，好作文是改出来的。"

后来我就和爸爸、妹妹去散步了，9点多才回来。这时妈妈已经听完课，并把这节课的导图笔记做好了。爸爸说："你见到这个图画，你有什么感受？"我不说话。他接着说："我想可能是两乱，一是眼花缭乱，另一个是心烦意乱。"爸爸说："我为什么不让你听课，而带你去散步呢？我觉得你用一颗不愿意的心去听课，听课的效果一定不好，还不如从下个星期起好好听。"我明白爸爸妈妈的意思，但现在我还不想把心里话告诉爸爸妈妈。

妈妈说："这堂课是有作业的，老师要求孩子要把听课的感受说给妈妈听，妈妈记录下来交上去。"可是我没听课，怎么办呢？妈妈说，作业还是要交的。她提议，作业就跟老师说我为什么不听课吧。我就只好说这个了。

083

可爱的贝贝

朱 杰

　　我们家养着一只小狗，它的名字叫贝贝。

　　我每天放学一回家，它就竖着身子"汪汪"直叫，好像在说："跟我玩吧。"我做完了作业，就蹲到它面前，抚摸它那洁白而又光滑的毛。贝贝有一副花脸蛋儿，脸蛋儿上有一双水灵灵的大眼睛，眼睛下面有一张模样可爱的嘴。贝贝身子底下有四只瘦长的爪子，行动非常敏捷。贝贝总是翘起那条毛茸茸的尾巴，你瞧，它那样子多威武呀！

　　贝贝最喜欢吃的是骨头。一天，我吃完了排骨把骨头喂贝贝吃，看它吃得那样香，我心里美滋滋的。

　　贝贝洗澡时很有意思。有一次，我给它洗澡，它却沉到水中，四肢展开，像在河里游泳似的。它站起来时溅了我一脸的水。过了一会儿，它洗完了，从池里出来，又蹦又跳的，还"汪汪"地叫着，好像在感谢我呢！

　　贝贝真是一只可爱的小狗！

我的好朋友

张小芳

　　一天，爸爸买回来两只小鸭子，一只是绿的，一只是红的。

　　我问爸爸："鸭子吃什么？"爸爸说："白菜。"我就拿出白菜剁碎，给鸭子吃。它们吃饭的样子特别可爱，脖子一伸一缩的，吃得很快。

　　一天，天气晴朗，我把两只小鸭子带到院子里玩，它们走路一摆一摆的，像企鹅一样。这回我也注意它们的样子了：身子横着，长长的，眼睛黑黑的，脚掌像个"山"字。它们一会儿跑到这个车底下，一会儿跑到那个车底下。唉！真让人难追。

　　一个月之后的一天，我偶然发现其中的一只蔫了，非常虚弱。过了两天，它竟死了，不知道是什么病。又过了几天，另一只也死了。我的心里很难受。

　　我失去了两个好朋友。

多多的趣事

肖静娴

多多是我饲养过的一只鸭子。它是在北公园与我见面的。当时它在笼子里焦急地叫着，我看它那可爱的样子，就缠着妈妈把它买了下来。

这是一只刚出生不久的小鸭子，长得可爱极了！它一身金黄色的羽毛，涂了蜡似的小黄嘴微微地颤动着，发出轻微的叫声。它那黑珍珠般的小眼睛镶嵌在圆圆的脑袋上，两条细细的小腿，走起来像刚学会走路的小孩儿，一摇一晃，很有意思。

刚来我家的那几天，多多只是在笼子里，沿笼子四周走动。这样久了见我不常管它，胆子渐渐大起来。刚开始它离我较远，试着一点点挨近我。再后来无论我走到哪里，它总是跟在我后面。

我和多多之间有许多有趣的事，有一件事让我难忘。这件事发生在夏季，那天我和小伙伴一起逗多多玩，我们跑让多多追，玩得快乐极了。多多在和我们玩耍过程中，它那漂亮的绒毛染得脏兮兮的。不知谁喊了一声："给多多洗个澡！"大家都觉得是个好主意。于是我们把多多放在一个不深不浅的小红桶里，然后在桶里加入热水让多多洗澡，小朋友王燕又摘来几朵花放进桶里。多多果真洗起了澡。不知过了多长时间，我们玩好了，多多也洗好了，我便把多多从水中抱出来。出水后多多本来蓬蓬松松的绒毛紧紧地贴在身上，把多多放在地上它却站不起来。这时我们才觉得大事不好，赶忙拿来一块干布把多多包起来。我紧紧地抱着它，它在我手中颤抖着。多多眼睛里发出微弱的光，半睁半闭，它的眼神里有悲伤，有痛苦，好像在责备我说："小主人你为什么要用热水来给我洗澡？时间还那么长！"突然一滴水滴在我手背上。是多多，是多多的泪，接着两滴、三滴，一共滴了三下，每滴一下我的心就痛一下。慢慢的，多多身上的毛干了，我试着让多多在地上走，但是它一走就摔倒了。我不灰心，一次、两次、三次……多多终于站起来了，还向前走了几步。多多好了，多多好了！我们欢呼着，那时我不知有多高兴啊！我心里的大石头总算落地了。

经过我的精心"栽培"，多多现在已经变成一只大鸭子了。自从多多来到我家，家里就充满欢乐，我也多了一个好朋友。

087

我的小伙伴

马星宇

我家有一只小鹦鹉，它非常漂亮。

小鹦鹉的头上是一片褐色的羽毛，像戴了一顶小帽子。它的红脸蛋儿上长着一个尖尖的钩子似的火红火红的嘴，嘴上边有一道白，两侧长着两个小小的鼻孔。它的头部两侧镶嵌着一对黑珍珠似的小眼睛，眼睛外边还有一圈白毛。那薄膜似的眼皮常常迅速地垂下来，又很快地掀起，一眨一眨的，非常有趣。

小鹦鹉的脖子上有一圈黄色的羽毛，好像戴着一条金项链。它背上的羽毛像翠绿色的外衣，胸前的羽毛像红色的围巾。它翅膀和尾巴上的羽毛五颜六色，有黑色、紫色、宝石蓝、翠绿色和粉红色。它的一双火红的小爪还分着节呢。

小鹦鹉的胆子小，警惕性高。每当我靠近它时，它那双小红爪便沿着木棍迅速地挪动、躲闪。有一次，我用眼睛紧盯着它，它就吓得惊慌失措，从木棍上掉了下来。幸亏它半道张开翅膀飞了起来，要不然它就摔到地上了。

小鹦鹉那清脆悦耳的叫声，给我的生活增添了无限乐趣。每天早上，小鹦鹉总叽叽喳喳叫个不停，好像在说："起床了！起床了！"吵得我不得不赶快起床。

小鹦鹉是我的亲密伙伴。

她的微笑

　　她中等身材，充满着蓬勃的朝气，宛如春天早晨中一株亭亭玉立的小树。她的头发像黑色的瀑布倾泻而下，有一种朴素而自然的魅力。她那双慈祥而亲切的眼睛，就像夏夜晴空中的星星那样晶莹，又像秋天溪水那样清澈。

妈妈，对不起！

林育茵

上了六年级，学业愈发紧张，每日身心疲惫地回到家中，母亲却总是喋喋不休地唠叨，使我心烦意乱。

那日，我刚走进家门，又听见妈妈急切地问道："考试成绩怎么样？"我漫不经心地应声点了点头。可妈妈又穷追不舍地追问。我冷冰冰地回答道："不理想。"霎时，妈妈原本满怀希望的面容，变得阴沉起来，期待的目光也暗淡下去。而我，眉头紧皱，平静的心情也被这一连串的问题所打破。妈妈又说道："只有读书才会有出息。"话音刚落，我终究还是没忍住，对妈妈大声说道："您能让我安静一会儿吗？"话一出口，我又后悔了。望着妈妈欲言又止的样子，我又十分愧疚。我转身关上房门，心里五味杂陈。

过了一会儿，妈妈轻轻推开门缓缓说道："学习要专心，不能三心二意。"我轻声应道："嗯。"一句"对不起"却卡在心头说不出。

我望着妈妈满怀关切的面容，不禁开始自责，妈妈在默默关怀我，我却如此对待妈妈的好心。是谁，在风雨中为我遮风挡雨？是谁，在我生病时百般细致地照顾我？又是谁，日日夜夜为我付出心血？是妈妈。十月胎恩重，三生报答轻。十月怀胎的恩情都难以相报，更不要提妈妈多年来的艰辛！此刻，我的内心充满了谴责，心情久久不能平静，悔恨的眼泪在眼边打转……

妈妈，对不起！

浓浓的爱

陈亦菲

今天是国庆节放假后的第一天，本应该快快乐乐地去上学，而我却"神志不清"地在病床上打着吊瓶。我生病了，而且病得不轻，医生说我得了轻微型脑炎。

当医生郑重宣告我要打一个星期吊瓶时，我的心里乱极了，我会不会脑子变笨呢？我会不会被人遗忘呢？我会不会从此学习成绩一落千丈呢？我现在的心情五味杂陈，真不是滋味。

终于啊终于，这犹如七年般的七天终于熬了过去，我拖着"满是针眼"的身子走进了我想念已久的校门，真有一种凯旋的豪迈感，仿佛树上的鸟儿也在为我的回归而歌唱。今天我来得非常早，怕同学们用异样的眼光看我。走进教室，我像一个贼一样悄悄注视着来的每一个同学，有种心虚的、偷了东西的感觉。

当老师来到教室时，发现了大病初愈的我，立刻走过来问我这个问我那个，同学们也一窝蜂地围过来，关心地问候着我。那一刻，我的大脑一片空白，那一张张微笑的脸都充满关心地围着我，我的眼圈微微红了，眼泪就快流出来了，我真的好感动，我以为他们会从此不理我，不与我交朋友，可我完全错了，我努力收回眼泪，微笑着说没事了，他们也笑了，真挚而美好，多么团结有爱的一个大家庭啊！

那浓浓的爱，被我深深地收入了记忆最深处的心灵宝库，这是千金也换不来的流光溢彩的珍珠啊！我永远都不会忘记，也不能忘记。

老师的眼睛

苟雯青

092

老师就像辛勤的园丁，哺育了我们幼小的树苗；老师就像一支蜡烛，燃烧了自己，照亮了别人；老师就像默默无闻的春蚕，吐尽了最后一根丝……我有一位好老师，她就是我小学的班主任——张老师。

她中等身材，充满着蓬勃的朝气，宛如春天早晨中一株亭亭玉立的小树。她的头发像黑色的瀑布倾泻而下，有一种朴素而自然的魅力。她那双慈祥而亲切的眼睛，就像夏夜晴空中的星星那样晶莹，又像秋天溪水那样清澈。

有一次，班上一名同学搞了一个恶作剧，结果使别人很生气，那人告诉了张老师。当时有人看到是他干的，也及时向老师反馈。后来，老师找他谈话时，他本想撒谎，但看到老师的眼睛中闪烁着真诚，便一五一十说出实情。老师也没有罚他干什么，只是教育了几句。啊，张老师的眼睛充满真诚。

那是在一节语文课中，一位平时说话结巴、成绩差的同学反常地举了手，想回答问题。我想：张老师不会请他回答，不然会影响大家的学习效率。可老师还是叫了他。回答时，他慢吞吞的，且回答得不完全正确，还没说完，班上此起彼伏不耐烦的声音出现了："让我来！"没想到这使他更紧张，说得更慢，只有张老师一直用鼓励的眼神望着他，他才得以说完。啊，张老师的眼睛充满鼓励！

又是一节语文课，不知怎么的，头很疼，但我一直皱眉坚持着。下课了，张老师把我叫到跟前问："怎么了？哪里不舒服吗？上课怎么一直皱眉呢？"我心里一阵感动，这么一个细小的动作都被她看到了，于是回答道："有点儿头疼。"张老师便又是带我去医务室量体温，又是帮我通知家长，得知我发烧后，还帮我写请假条。啊，张老师的眼睛充满关切！

张老师，您循循善诱的教导有如春雨般滋润我们的心，您的眼神充满真诚、关切与鼓励，您的眼睛也是我见过最特别的。您永远是我最喜欢的老师！

寻宝游戏

高梓航

暑假的一天，我在家里写作业，转眼间我就写完了最后一项暑假作业。

妈妈回来了问我说："你还剩几项暑假作业？"我回答："还剩零项暑假作业。"妈妈听了，笑盈盈地对我说："这么快呀，等会儿妈妈陪你玩一个寻宝游戏，不过你要在书房里乖乖等我准备好，我喊

开始你才能出去。"我高兴地跳了起来。

妈妈神秘地在家里转来转去,不知道要干什么。过了一会儿,听妈妈喊道:"游戏开始了。你需要在家里寻找线索,线索在客厅里,你找找看。"

我找了起来,突然我发现一张纸条藏在电话下面,只见纸条上面有几个大字,我读起来:"请到卧室找寻线索。"我马上跑到卧室,在衣柜的侧面看见一张小纸条,我把纸条拿下来,上面有一道算数题,还写着几个字:"线索就在答案里。"我三下五除二就把它做完了,答案是51。我觉得很疑惑,想了又想,对了,家里的电视机不就是51英寸的吗?我赶忙跑到电视机背后找,又找到一张纸条,上面写着:"你已完成任务,宝藏就在冰箱里。"打开冰箱,哇,原来是我最爱吃的奶油蛋糕。

寻宝游戏太好玩了,明天还要跟妈妈玩。

094

流　泪

王璧莹

每个生命都会流泪。每一滴泪水,都有一段难忘的经历。

诚实的泪水

星期六的早晨我到超市帮爸爸买"红牛"。一进门但听得人生嘈杂，那声音简直能跟海啸相比了。因为我实在受不了那喧杂的声音，所以拿了"红牛"就往结账的阿姨那里走。我排在一个个子不高、戴着口罩的叔叔后面，突然我惊讶地看到那个叔叔的手正伸向他前面阿姨的口袋。"啊，这是个小偷。"我心里默念道。就在我准备喊抓小偷时，站在我后边的阿姨拉了我一把，冲着我一个劲儿地摇头。显然她也看到了刚才的那一幕。

"我的钱呢？"正要付账的阿姨惊讶地喊了起来，"这是我家孩子的奶粉钱啊！"我非常歉疚，本想说明事情的原委，但我望了一下四周，发现大家都是敢怒不敢言的样子，我也忍了回去。

回家的路上，我不停地思索着当时的事情，眼泪不由自主地流了下来。一阵凉风吹来，我觉得好冷好冷。

善良的眼泪

寒假期间，我去了趟石佛沟，那天阳光不是很好，天阴沉沉的。

刚走上大桥便看到许多人围了一个圈，由于好奇便挤了进去，这时我看到中间有一个老人，躺在冰冷的桥上。很多人指指点点，只是看着。

那个老人明显昏倒了，但为什么没有人去帮他呢？我突然想到一个词"碰瓷"，大概是因为近几年这样的事经常发生，所以大家都不敢扶倒地的老人了吧。看着躺在冰冷桥面的老人，我于心不忍，便匆匆离开了。

我一边走一边想，为什么世界会变成这个样子了，我们的传统美德都到哪里去了？我的眼前浮现出了两个词语——诚实和善良。我看它们一边流泪一边说："救救我，救救我。"

我冷静地思索着，诚实和善良为什么会流泪？因为这个世界上没有好人了吗？不，不是，一定不是。现在人与人之间立起了厚厚的一

她的微笑

堵墙，诚实和善良被砌在了墙内。所以我呼吁大家：请让诚实和善良出来吧，让它们不要再哭泣，让它们绽放出灿烂的笑容，让它们再一次感受世界的温暖。

我 的 敌 人

袁 懿

我的敌人是邻居家的狗。那只狗虽然看上去样子可爱，但却异常凶猛。在我每次想靠近它时，它都狂叫不已，使我害怕。

我的敌人是郊外那座山峰。山顶固然有美丽的风景，但我更担心那遍地的荆棘会划破我的衣服，刺伤我的身体。

我的敌人是做不完的奥林匹克数学题。在每一个课间，我总要和它搏斗几个回合。可结果总是我笔芯耗尽、两眼昏花，日复一日，屡战屡败。

我的敌人是……

我之所以视它们为敌，是因为狗让我害怕，山峰让我止步，习题让我厌烦……

真是这样吗？不，绝不是。

今天，当我出门时壮起胆子用石块打跑了那条狗，中午排除重重困难登上了那座山，晚上又耐着性子做完了奥林匹克题后，我才发现：让我害怕的不是狗，而是我的胆怯；让我止步的不是山峰，而是我没有毅力；让我讨厌的不是习题，而是我不敢面对困难……现在把

它们一一排除，我发现我的敌人原来就是我自己。

属于自己的位置

刘谦慧

那天，我在看电视，电视中出现了一个熟悉的公益广告：在一辆安静的公交车上，大家都坐在座位上，只有一位老人摇摇晃晃地站着，许久都没有人给这位老人让座。公交车在楼房的影中穿梭，驶过一个个红绿灯，不知过了多久，离老人最近的一个人终于起身让座，让老人坐到自己的位置上。我呆了呆，转身问在一旁坐着的妈妈："如果你也遇上这种情况，会让座吗？"妈妈笑笑，不回答我。

我足足想了三天，这个广告究竟是说什么道理，绝不仅仅只是在说让座是一种美德。我们可以从中看出许多隐约的道理，我看着这个座位，想到了位置。我能看见这个人身上散发的光芒，他虽然只是给老人让了一个坐着的位置，却让自己在社会的位置高贵起来，他的位置闪闪发光，只有心地善良、富有爱心的人才会散发出如此洁白无瑕的光芒。

在人生中，在社会上，在人们的心里，同样有一个位置是属于自己的，但是它不会兀自出现，我想，它需要我们坚持不懈地去寻找。刚刚的那位让座之人，他只是向一旁轻轻跨了一步，就准确地站到自己的位置上。在寻找自己位置时，正如在走人生之路，当遇到了困难，请想一想自己当初出发的原点，没有什么事不努力就能成功。当

她的微笑

自己在努力时，也许就正好发现自己的位置，那时必会由衷地笑着，说："啊，这才是属于我的位置。"

一个人的位置总是在闪闪发光，无论在何时，无论在何地，只要真诚地对待这个世界，那它必会回报一个大大的、温暖的拥抱。一个属于自己的位置永远不平凡，哪怕是只有一点点，那也是最宝贵的。

爸妈的爱情

邱婷婷

我想，太阳总是很偏爱夏季，要不怎么只有在夏季，太阳才不会吝惜它的光和热？

关掉电视机，擦去已流淌多时的泪水，来到院中，看见正在院中侍弄花草的母亲。

母亲头发垂下来，午后的阳光斜射下来，洒落在母亲身上，映着她慈祥的笑容，把母亲衬得那样温柔。我忽然心血来潮，问："妈，你爱爸吗？"

母亲被我这个突如其来的问题弄得不知所措，顿时脸红得像个苹果，如同初恋少女般羞涩，搪塞地回答："这天可真热，瞧把我晒的。"

不经意间，我的眼神和母亲四处张望的眼神接触。母亲低下头，不再言语。

我有些失望，我的直觉告诉我，妈并不喜欢爸，否则怎么会不说话。我对爸妈的爱情彻底失望，还不如看电视剧。

正想转身回屋，爸爸提着刚买回来的西瓜叫住了我。回过身来才发现父亲的另一只手在口袋里来回摸索，搜寻着什么，满头大汗，此时却不见母亲的踪迹。

一会儿，母亲手里拿着毛巾，站在父亲面前，踮起脚，在父亲的额头上擦拭。父亲只是摸了下头，如男孩儿般傻傻地笑了。接着，从口袋里奇迹般地掏出一个发卡，帮妈妈夹在了头发上。

花园里的花草，也跟着散发着阵阵花香。太阳更炙热了，它的光和热把我的眼睛"折磨"得难受。否则，我的眼中怎么会有泪光。

看着阳光下的父母，母亲温柔羞涩，父亲憨厚微笑，是如此动人。我的心中永远存放着这样的画面，我的心永远把时间定格在了这一刻。

我决定不再从电视剧、小说里寻找真情，因为那是编剧、作者虚构的。身边充满着真情的真实画面，更让我感动。午后，因有这真情变得更加美丽；午后，阳光因有这真情，变得更加灿烂。

老师，只有您站着

赵 月

"丁零零……"上课铃响起，老师，您捧着书本走进教室。上课了，我们都坐着，而您却站着。老师，您站着的时候，我看见一颗智慧的星，闪烁着点点星光；我看见一棵参天大树，摇出片片绿意。

您一直都这样站着，前面是一张三尺的讲台，后面是一块乌亮的黑板。您把一个个四十分钟站成了几年、十几年、几十年……您站得很稳很稳，您脚下的这片土地便是您心中永远的寄托；您站得很高很高，您用细小的粉笔在黑板上勾勒出万千精彩。您的座位呢？哦，它在我们心中那个最崇高的角落！有哪个位置比那里更神圣呢？

站得久了，太累了吧？可您也不愿坐下。您满头的青丝就这样站成了苍茫雪原，光洁的额头站成了弯弯山川。当朝阳初升的时候，站得最高最稳的您啊，总是第一个将它托起。

有一天，当你坐下去的时候，我们站起来了，在您的笑声中，我们站成一排青松。有一天，当您再也无法站上讲台的时候，我们站了上去！

100

刮目相看

程 杨

高亚和我读的是同一个学校，他家就在我家附近，上学、放学路上，我们俩经常碰面，自然而然就成了朋友。不过，他比我高一个年级，我们在一起的时间并不是很多。

高亚长得挺不起眼的，个头不高，又黑又瘦，常听见有人叫他"蚂蚁"。在学校里他也不是讨人喜欢的角色，身上的毛病不少，还都不是小毛病——老是不完成家庭作业，又爱打游戏机，甚至偶尔还逃学，学习成绩就可想而知了。一天到晚，他不是被老师训几句，就

是被父母"臭"一顿，所以总是有些灰不溜秋、霉里霉气的。我从心里有些看扁他。

一天中午，我们俩在上学路上又碰见了，走到机关幼儿园门口，看见两个小孩子正在地上又踢又踩，还不时兴奋地大叫。我们好奇地走过去，原来一条黑蚯蚓不知怎么爬到马路中间。这可怜的小蚯蚓在"魔爪"之下已硬生生地被踩成了两段，两截儿身子痛苦地蜷曲着、挣扎着。浓浓的说不上什么颜色的"血"正一点儿一点儿地渗出体外。

"真恶心！"我低声说道，扭头就要走。没想到，高亚居然大声质问他们："为什么要踩死它，这也是一条命啊！"那两个小孩儿先一怔，再看看高亚的个头儿，毫不示弱地还起嘴来，一个说："关你什么事？多管闲事多吃屁！"另一个道："一条蚯蚓，死了就死了呗，有什么了不起的！"说完俩人冲着高亚吐吐舌头，一溜烟地跑开了。

高亚黑着个脸，一声不吭，轻轻捡起那沾满尘沙的两截儿蚯蚓，小心地捧在掌心里，眼里充满了怜惜，像托着什么奇珍异宝似的走到路边的一个花坛里，小心翼翼地把蚯蚓放进了草丛。在我的记忆中，他从来没有这么温柔、这么沉静过。拍了拍手中的沙，他冲我轻松一笑，说："没关系，蚯蚓的命可大了，它有再生的本领，准死不了！"没等我开口，他又郑重其事地说："知道吗？地球并不仅仅属于人类！"

"地球不仅仅属于人类！"这话是如此熟悉，电视上、课本中不都经常可以看得见、听得到吗？可今天听来，又觉得是那样的陌生。这还是那个让人有些看扁的高亚吗？嘿，真没想到……想想刚才的自己，我的脸一下热起来了。

平凡的他

王靖文

那是个星期五的晚上，8点多钟，我上完舞蹈课坐着妈妈的自行车回家。我们刚走到李家村，忽然打起雷来，妈妈不由得加快了骑车的速度。可是没过多久，豆大的雨点就砸了下来，紧接着就是瓢泼大雨。

雨越下越大，妈妈对我说："文文，雨太大了．咱们还是打一辆出租车吧！"我跳下车子，让妈妈打车。妈妈一连打了七八辆打着"空车"牌子的出租车，可司机一见我们推着车子，不是说要收车了，就是说拉不成自行车。没办法，我们只好继续等待。就在我们一次次感到失望时，一辆红色"夏利"车停在我们面前。司机将头伸出来，操着浓重的陕西口音问："大嫂，走不走？"在绝望之中我简直不敢相信自己的耳朵，直到那位司机下了车，打开后车盖，准备帮我们放车子时，我才相信这是真的。那位司机笑呵呵地把车子放到后备厢中，然后又请我们上车。我坐在司机旁边，妈妈坐在我后面。"您去哪儿？""植物园。""请坐好，开车了。"

路上，妈妈跟那位司机搭起话来。

"司机师傅，您真是个好心人。许多司机见我们有自行车，都不愿拉我们。"

"实话跟你说，我也不想拉有自行车的，可是看你们娘儿俩在雨中淋着，怪可怜的。再说啦，我是个下岗工人，家里上有老下有小，全家都靠我养活，多拉客人我也多挣几块钱。"

听了这话，我觉得这位司机憨厚老实，又很善良。

"你开车多长时间了？"妈妈问道。

"一年多啦。这车是向银行贷款买的，债到现在还没还清呢。"司机淡淡地说道。

这时，我开始打量这位司机：一件旧了的格子夹克，一条黑裤子，脚上穿着板鞋……他太普通、太平凡了。在路灯的照射下，我见他的眼睛深陷了下去，眼珠上面似乎布满了血丝。那紧握着方向盘的手，大而粗壮。

雨还在下着，红色的"夏利"车在路灯的照射下是那么醒目、耀眼。

我会记住这个难忘的夜晚，记住这件事，记住这位平凡的司机叔叔！

103

外公，谢谢你

刘佳琪

我最想感谢的人，不是爸爸妈妈，不是爷爷奶奶，而是外公。

从我记事起，爸爸妈妈就一直忙于上班，由于种种原因，也为了能够更好地照顾我，爸妈把我送到了外公家。

我的外公，他是一个很幽默的人，更是一个好强的人。

我小的时候，不开心了，外公就会努力逗我笑。我记得最清楚的，是他拿一个洋娃娃放在我的面前，说："哎，你看洋娃娃都笑呢，你怎么不笑呢？连洋娃娃都知道不开心要找人说说话，谈谈心，你怎么就不知道哇？"听了外公的一番话后，总会破愁为笑。

外公的好强已经深深地影响了我，以致我的性格和他有几分相似。记得有一次，我被一个小朋友打了，外公颇搞笑地告诉我说："不要怕，她打你，你也打她，她如果再打你，你就告诉我，我帮你打她。"

我要感谢我的外公，是他，在我人生的道路上陪伴着我，伴着我走了那么远。我要感谢我的外公，是他，带给了我快乐，告诉我永不认输。

104

张木匠的算盘

沈　博

桃园村有个张木匠，他算盘打得好，所以村里的人都叫他"算盘精"。

改革开放后，张木匠看村里的木材生意很好，他的"算盘"嗒嗒一打，就改了木匠这行当，买了锯板机，办起了锯板厂。从此张木匠的收入开始多起来。

几个月下来，张木匠觉得手头的活越来越紧，于是，他又在暗暗打着"算盘"。他想：儿子小明长得腰圆膀粗，干活顶得上一个大人，虽然说正在上五年级，可眼下缺人，不如让小明来帮忙吧！想到这里，张木匠暗暗高兴。

小明退学了。班主任老师几次上门要求他上学，张木匠拉着小明躲得远远的。

小明第一天干活很卖力，张木匠到处夸耀。第二天，有一个造房子的人家来锯门框料，拿了一根又粗又大的木料来。门框料的长为3.2米，宽为0.08米，厚为0.1米。张木匠要儿子算一算这根木料可以锯成几根门框料。哪知儿子抓耳挠腮，红着脸，终究没有算出来。村里人指指点点都在议论这件事，气得张木匠一句话也说不出来。

回到家里，张木匠陷入沉思，对呀！让孩子读好了书再帮忙也不迟呀！

第二天，张木匠带着小明来到学校，他内疚地对老师说："老师，我的'算盘'打错了……"

热心肠的爷爷

王裕栋

我的爷爷出了名的热心肠。他虽然是个种了一辈子田的庄稼人，大字不识几个，手指粗得像小萝卜头，可他手脚勤快，遇到事总是爱琢磨。

村里哪家雨鞋破了，伞坏了，都来找爷爷修，可爷爷从来不收一分钱。有人劝爷爷，去工商所办个执照，索性摆个小摊，收几个钱。谁知，爷爷竟瞪着眼说："咋光想弄几个钱？谁少吃少穿啦？"

一天，爷爷刚想出门去为李家修鞋，正巧看见一位阿姨推着一辆自行车往路边让，看到阿姨焦急的样子，爷爷的热心肠又热起来了。他一问才知道，那位阿姨的车胎爆了。爷爷一边安慰她，一边从"百宝箱"中取出钳子等工具，撬开车胎当起修车工来了。爷爷把小橡胶皮粘在爆破的地方后，又把车胎放在水盆中一点儿一点儿移动，看来一点儿气也不漏了。那位阿姨要给钱，爷爷硬是不收，阿姨谢了一遍又一遍。

"爷爷真聪明！"我拍手喊道。

"不，爷爷笨哪！爷爷还想求你办件事，明日帮我写几个字——补车胎。哦，再加上三个字——不收钱。"

从此，爷爷便真的成了一位没有执照的修理匠了。

106

看门的老爷爷

崔晓萍

给我们宿舍楼看门的老爷爷一直住在我家楼下的小屋里。从小屋的陈旧程度可以看出，他大概已经在这儿居住了许多年了。

我并不知道这位老爷爷的名字，一直都不知道，只知道我很小时他就在这儿看门了。小时候我不喜欢这位老爷爷。我六七岁时常常和小伙伴在楼下玩，那时我们最爱玩的游戏之一，就是爬在老爷爷所看的那座大门上"荡秋千"了。这其实是很危险的，如果有人推门进来，我们很可能就会被门挤伤。虽然大人几次警告我们，但是只要大人们一走，我们还是会继续这样玩。有一次，我们正玩得高兴，不料被老爷爷发现了，他不由分说就把我们从门后面拉了出来，在每人头上打了几下，还板着脸对我们说："下次再敢这样，我去找你们的家长。"我们都吓坏了，连声认错，他才放了我们。后来，他又不止一次地批评过我们这不对，那不对。所以，我们都讨厌他。

有一次，他阻止了几个中学男生用砖头砸他房门前的201电话机，我看见了，对老爷爷的看法略有转变。

但是，有一天我对他的看法完全改变了。那天，天气十分寒冷，家中暖气又没有供上，所以家里比外面还冷。我们几家小孩儿当时都养了小鸡，小鸡都快冻死了。尽管我们想尽了办法抱着小鸡在楼下跑来跑去，想给小鸡增加热量，但都无济于事。老爷爷看见了，便说："我屋里烧了炉子，把它们放到我屋里吧。"我们都很怕老爷爷，不敢对他说"不"，只好硬着头皮把小鸡给了他。我很伤心，以为自己的小鸡会被老爷爷烧了吃掉。没想到第二天老爷爷笑着把小鸡还给了我们，一个不少。这次，我打心眼儿里感谢老爷爷，感到他其实是个好人。

后来，不知什么时候起，我们见不到这位老爷爷了，听说他搬走了，连他的小屋也拆了。

爸爸的小眼睛

申悦彤

我的爸爸有一双小眼睛，那是一双会说话的眼睛哦！

记得我们学校开运动会的时候，其中有个亲子活动项目，我报了名，准备和爸爸一起参加。开始前，爸爸和我互相加油，可是我的心里还是很害怕：万一成绩不好怎么办？万一中途绊倒了怎么办？万一小朋友们嘲笑我怎么办？我的心绪都乱了。爸爸好像看透了我的心思，他轻轻摸了摸我的头，眯成一条线的小眼睛调皮地看着我，好像在说："不要紧张，重在参与嘛。"我点了点头，内心充满了力量。比赛开始了，我们以最快的速度冲向了终点。我居然是第一名！爸爸抱着我欢呼起来。

爸爸，您那双会说话的小眼睛给了我力量。

我的数学成绩一直不太理想。有次我才得了八十分，心里又紧张又害怕。考这么点儿分，回去又要挨骂了，怎么办？我迈着沉重的步伐忐忑地回到家，把试卷递给爸爸，爸爸看到我的分数却没有发脾气，而是认真地把试卷翻看了一遍，皱起眉头用严厉的眼神看着我，说："这次没考好是失误了，下次绝对不能粗心了。"我心里的大石头落了地，看着爸爸使劲地点了点头，然后准备进房间，这时，我看见爸爸的眼神一下子变得慈爱了，我对他笑了笑，顿时感到无比轻松。

爸爸，您那双会说话的小眼睛让我感到温暖。

还有一次，我和爸爸比赛骑自行车，我心想：这次我一定会胜利的！"准备，开始！"我们两个一听口号就疯了似的蹬踏板，我和爸爸始终在一排前进。我有点儿急了，就不管不顾地向前冲。"终于比爸爸快了。"我心里暗喜道。我骄傲地对后面的爸爸做了个鬼脸，没想到，刚把头转过来就撞到了墙上。我摔倒了，腿上流了血，疼得我眼冒金星。爸爸急忙跳下车，跑到我身边，用鼓励的眼神望着我，好像在说："快，慢慢起来，勇敢一些！"我顿时充满信心，忍着痛爬了起来。

爸爸，您那双会说话的小眼睛让我有了勇气。

这就是我爸爸那双会说话的小眼睛。虽然小，但我却读懂爸爸眼睛中的话语，读懂了爸爸的爱，这爱，鼓励我不断成长。

109

胜利的感觉，真好

齐佳怡

一年级的某一天，我知道了胜利的感觉。

那天正好是我们学校的跳绳比赛日，其实我不太喜欢比赛，可是我的好朋友们非要和我一起去报名，她们似乎很喜欢胜利，每次她们成功了，就快乐地一蹦三尺高，反正我也是个跳绳能手，就和她们一起去了。

她的微笑

之后每天下午，我都陪她们一起去操场练习跳绳。比赛开始了，刚开始我只是用了一半的力气，过了一半的时间之后我又用自己最大的力气和最快的速度完成了这场"战争"。在比赛的时候我听见了啦啦队的呐喊声，那时我突然感到自己充满活力。时间到了，裁判让我们先归队。

经过了长时间的比赛和计算，结果出来了，我们班是第一名，并且我是全校第三名。虽然没有拿到冠军，但是我已经很满足了，开心得不知道应该怎么形容。

那天之后我知道了什么是胜利，那种感觉真好。

霸道的爱

张 金

昨天是星期五，已经密谋了很久的我们终于等到这一天，我们准备去凤凰山玩。我们正准备给家长说一下然后去，别的家长都说可以，可我妈妈两个字："不准。"我的希望破灭了。

我想：那不是我不讲信用了吗？我急忙说："别人家长都让去了为什么你不让？"妈妈还没等我说完就说："我们不让你去，你就别去。"我不敢当面顶撞，但是我心里想：大人怎么这么不讲信用了？妈妈又说："你每次都去玩，玩回来又很累，我看你可怜，就让你睡了，星期六也是这样，星期天你晚上12点才能完成作业，你这样，把我们累了先不说，你自己的身体呢？"

听了妈妈一番话，我知道了妈妈是对我好，我向他说了一下情形，并说我不去的话就是失约。妈妈想了一会儿说："让你少写一点儿，只让你写语文和数学作业。"我听了说："语文，太多了，可不可以换成英语？"妈妈想了一会儿说："可以，但是你回来要写呀！"我很高兴！

妈妈又说："是因为今天雨大我不让你玩的！"

唉，可怜天下父母心啊！虽然妈妈的爱很霸道，可是她做的一切都是为了我好！

爸爸妈妈笑了

王梦宇

今天是星期天，爸爸妈妈不在家，我决心抓住这个机会锻炼一下自己。

我看见房间很乱，就想收拾一下房间。我想：我的书太多了，哪里都可以看到我的书，先从整理自己的书开始吧！我从自己的房间开始找，床上、床下、桌子上，都找到了我的书。半个小时后，我终于把书找齐了。我开始扫地了，我左手一下，右手一下，垃圾死活不听我的话，到处乱跑。

就在这个时候，我想起了妈妈，我心想：妈妈每次都那么认真地扫地，仔细拖地，都能把地扫得干干净净的，如果我能像妈妈学习，是不是就会把地拖得干干净净了？于是我学着妈妈的样子，拿起扫把对地板认真了起来。几分钟之后，我战胜了地板，又开始准备擦桌子了，我把抹布洗得干干净净。我本来以为擦桌子很简单，可是桌子实在太脏了，怎么都擦不干净。后来，我想到了一个好办法，用热水冲开洗洁精，果然，擦起来又省力又干净。

终于擦干净了桌子，要给爸爸妈妈做饭了，我想来想去终于想到要做什么了——煎鸡蛋。我拿出三颗鸡蛋打碎，放在平底锅上，开了火，倒了一点儿油，把鸡蛋液倒了进去，两面互相翻，很快香喷喷的煎鸡蛋就做好了，就等着爸爸妈妈回来了。

爸爸妈妈回来后，脸上露出了满意的笑容，我也开心地笑了。

吹　糖　人

江鹏智

家门前的街道两旁，排着好多小推车，卖饰品的人推着红红绿绿的小车"吱吱"地来了，卖炒冰的一边吆喝着，一边将苹果、香蕉拿上来引人注目；卖珍珠奶茶的用汤匙敲打着铁片发出"叮叮当当"的响声……不过，最有趣的还是卖糖人的。

卖糖的老爷爷身边围满了人，我左钻右挤，好不容易才进入里面。

小车上有个小煤炉，上面一口巴掌大的小锅，一块糖浆在里面沸腾。小锅右边，一块大理石闪着亮光。

只见那老爷爷拿起勺子在锅里舀了一点儿糖浆，然后移到石块上

抖动，糖丝就滴了下来。才一会儿，一个似鸡头的东西出来了。我们都赞叹他这么大年纪了动作却那么灵巧。

我身边的一个小伙子得意地说："一定是金鸡独立。""不，一定是小鸟儿。"不知谁争论道。人们开始议论纷纷。

这时老爷爷的手下已出现了一个身子，比鸟要肥大一点儿，但和鸡比起来又要苗条一些。

"我知道了，一定是火鸡，所以又像鸟又像鸡。"一个鼻子下还留着两条"青龙"的孩子说。老爷爷微微地笑了笑，又舀了一满勺糖。"做鸡尾巴要这么多糖干什么呢？"我心里直犯嘀咕。

老爷爷深吸了口气，擦了擦鼻子，像要做很大的举动。大家屏息凝神，不约而同地盯着老爷爷的手。

只见老爷爷的大手一挥，糖浆像水墨一样泼了下来，一条长长的凤尾完美地接在凤身上，一气呵成，仿佛一笔勾成似的。然后，他又小心翼翼地蘸了点儿糖，将凤凰粘上竹棒，再用小铁片仔细地挑起花纹来。

完成了！他长长地吁了口气。哈！原来是凤凰展翅！

113

冰糖葫芦

彭　敏

哈尔滨的冰糖葫芦是很有名的。

一入冬，大街上就响起了卖冰糖葫芦的吆喝声。冰糖葫芦大多是

她的微笑

花生或枣泥制成的。当一支支冰糖葫芦插在草捆上或摆放在亮匣里的
时候，真是色泽鲜艳、晶莹剔透，十分诱人！你看，那一串串挂着糖
丝的冰糖葫芦，多像一个个可爱的小人儿露出了灿烂的笑脸呀！

　　制冰糖葫芦是充满趣味的过程：第一步要选好上等的山楂或太平
果，然后把水果的核去掉，只有去核的冰糖葫芦吃起来才能尽兴；第
二步要用一根竹签子把它们一个个串起来；第三步是把冰糖葫芦挂上
糖浆。一般的冰糖葫芦有八寸长，大约串十个山楂或六个太平果，也
有特别长的。据说有一回，一对香港年轻人扛着一支串了三十个山楂
的冰糖葫芦，在中央大街上一边吃一边开心地笑个不停，那情景有趣
极了！

草　莓

卫晓东

　　今天中午，我放学回到家里，一眼就看到桌子上有一大盆草莓。
我迫不及待地扔下书包，连手也没来得及洗，抓了一个就吃。一口气
吃了七八个，然后才细细地观察起草莓来：草莓有大有小，形状各
异。有的像珊瑚，有的像扇子，还有的像蝴蝶，但大多数都是圆锥形
的，全身有许多像芝麻一样大小的疙瘩。仔细一瞧，还有毛茸茸的小
刺呢！用手摸摸它，感到有点儿涩涩的。

　　没有熟透的草莓淡青色带点儿嫩黄，熟透的草莓是深红色的。那

嫩绿的叶萼好像给草莓戴上了一顶漂亮的帽子。轻轻咬一口草莓，就会看到新鲜红嫩的果肉，没有吃时流口水，吃一口后更流口水。

草莓又酸又甜，吃到草莓籽，还会听到"咯吱咯吱"的响声。

草莓有很多种吃法，可以直接吃也可以拌糖吃，还可以把草莓做成果酱吃。

草莓只有春天才上市，我多么希望农民伯伯能科学种植，让我们一年四季都能吃上新鲜的草莓啊！

她的微笑

勇敢面对

　　退一步海阔天空，我和他还是很要好。不经历些风雨，如何能见到那一道最美的彩虹呢？承受住困难，勇敢面对它，才能活得更精彩，获得想要的东西。

藏 宝 记

杜 赫

童年的记忆是很珍贵的，童年的趣事也少不了，每一个人多多少少都有些童年趣事，我的童年趣事会让你忍俊不禁。

以前，听人说如果把一样重要的东西放入一个小盒子，许多年之后再挖出来，那就是文物。我就想，如果我也把一样东西埋进去，以后再挖出来给我的子子孙孙，岂不是光宗耀祖？就这样，我经过慎重考虑之后，把二十元钱放到我一个精美的铁盒里，找了一个"风水宝地"，埋了进去，我四处打量了一下，确定没人看到，然后又拍拍土，做了一个标记，想着我的美梦上学去了。

许多天过去了，我忽然想起了我的宝藏，上次的标记做得不够结实，万一找不到了怎么办？于是，我急忙跑去藏宝的地方，想不到，前一阵子的土路，转眼变成了黑漆漆的柏油路。唉，这下可好了，不仅宝贝挖不出来，反而赔了一个精美的铁盒，真是赔了夫人又折兵。

童年趣事令人难忘，多年后回忆一定还是开怀大笑，笑自己的天真、可爱。

跟　　踪

高浩原

　　放学回家的路上，昏暗的路灯发着微弱的光，狭长的小路上人烟稀少，来往的人们脚步匆匆。有一个人似乎和我的脚步一样，所以我得出了一个小小的结论：有人在跟踪我。

　　我很害怕，到底是什么人在跟踪我？是坏人？是鬼？我越想越怕，在心里不停地念叨着："老天爷呀，你可要保护我呀，以后再也不会因为吃麻辣烫回家这么晚了。"我从书包中拿出一袋好吃的，然后扔在地上，想用好吃的分散那家伙的注意力，然后大步向家跑去。

　　可是，跟踪我的人好像并没有被好吃的吸引，他也跑了起来。我不敢回头，越跑越快，终于回到家里。我急匆匆地冲进家门，对妈妈说："我被人跟踪了！"就在这时，突然有人敲门，难道跟踪我的坏人还敢追到家里来？我拿出了我的玩具枪，拉着妈妈去开门。打开门，我抬起头，却发现站在门口的人原来是爸爸！

　　难道那刚刚跟踪我的人是爸爸？我正想问爸爸，谁知他笑着抱起了我："刚刚你跑什么呀？我专门去接你，却怎么都追不上你！"

　　我的妈呀，原来是虚惊一场呀！

勇敢面对

捡 废 品

秦 蓓

学校要求每个学生都捡废品交给学校，这些废品可以是啤酒瓶子、废报纸、铝、铁等。听了老师布置的任务，当时我就想：捡废品，这有多下贱、多丢脸呀！一个小学生在垃圾堆边捡东西，别人看见了会说什么呢？因为有这样的想法，所以一连好几天我都没有行动。可是，看看别的同学都捡了许多，我也着急了。看来不捡不行了！

星期天下午，我来到人们常倒垃圾的地方。走近垃圾堆，一股难闻的气味直往我鼻孔里钻。我在那堆垃圾旁转了一圈，发现了一块废铁。我正准备捡起来往花篮里丢时，几个身穿西服的年轻人从对面走过来，眼睛直盯着我，还相互对话。这时我觉得脸上火辣辣的，不知如何是好。由于慌张，我把铁一下子丢进了污水里，口里胡乱地嘀咕："脏死了，不在这儿找了。"那几个年轻人走到垃圾堆边，没有再看我，继续朝前走了。我看他们走了，又去捡那块铁。好像老天爷故意和我作对，我刚把那块铁提到水沟边准备洗，几个干部模样的人就从公路上走过来。这怎么办呢？我急得一身是汗，急忙把那块铁扔到水里，然后把手伸进水里，低下头，装着洗手，头都不敢抬，生怕他们知道我在捡废铁。不知过了多久，我觉得没有动静了，才站起

来，把那块铁洗干净装进花篮。捡了这一块以后，我又一连捡了好几块废铁。正当我捡得起劲时，"哈哈哈"的笑声从不远处传来。我心里一紧，猛一抬头，原来是我们班上的几个同学。这怎么行啊？他们看见了会在班上说我的，不行，我得找个地方躲起来。我看见旁边有一块菜田，便飞也似的向那边跑去。我不知道我跑得有多快，但我知道我从来没有跑过这么快，简直像一只被打慌了的兔子似的。

就这样，我由于怕别人笑话而躲躲藏藏，结果只捡了四块废铁、五个啤酒瓶子。

最好的礼物

张金龙

嘿，真棒！数学考试得了一百分！妈妈眉开眼笑，鼓励我以后继续努力，还奖励了我三元钱。

我跑在大街上，老远，眼睛就紧紧地盯住了那个冰柜：你好，我来了！三步并作两步，跑到卖冰激凌的那位阿姨面前，没说一句话，一手交钱，一手交货。我拿着两支冰激凌，迫不及待地想品尝那美妙的滋味，可又突然停了下来。我想起我们的刘老师，她累得倒在了讲台上，住进了医院。老师可真好，整天和我们在一起，不厌其烦地给我们讲，帮我们算，牺牲了自己多少时间！一次，我有病耽误了两周课，是刘老师用了几个晚上，外加一个星期天的时间，为我补课。误了吃饭，她就随便买点儿什么，凑合了事。这个一百分还有她的心血啊！干脆买点儿水果，去医院看望老师。一摸兜，一下子泄了气，除了那份试卷，再就是手里的两支冰激凌，完全是个穷光蛋！唉……

有办法了！退掉冰激凌，不就有水果了吗？重新走到冰柜前，向卖冰激凌的阿姨说明了情况，并郑重声明：退货仍是原封包装，没动一丝一毫——以少先队员的名誉保证！阿姨笑了笑，把三元钱轻轻地放到我的手里，问："冰激凌和老师，此刻，你爱谁呢？""那还用问，当然是老师喽！"我摆摆手，跑进商店。拎着水果，走出商店，只觉得喉咙冒烟，难受极了。我知道，"冰激凌瘾"又开始发作了。我一边走，一边看着冰柜，脚一滑，身子一歪，"扑通"一声跌倒在地上，水果扔了满地。看着地上的水果，我哭了。

唉，躺在医院的老师啊，我，我拿什么去看您呢？明明知道没有钱，可我还是摸遍了上上下下的兜，最后又摸到了那张数学卷子。怎么办？回家要钱？不行不行，怎么好意思再张口！

嘿！这鲜红的一百分，不正是最好的礼物吗？想到这里，我破涕为笑了，站起身来，拍拍身上的泥土，飞一般地朝医院跑去。

122

离　别

张　丹

早已经记不清这是第几次来机场送别父亲了，只知道每一次都阳光明媚，只有这次，寒风凛冽。

我背对着父亲，沉默着，一句话也不说。

“女儿，别这样。”父亲的话听上去有些哀伤。

那些沉淀了几年的记忆突然就翻涌上了心头，掀起惊涛骇浪。我捡起一块石头，使劲扔向心海，想让它平静下来，但它却依然如故。

我就像精卫，想要填平“心”这片海洋。父亲以前对我种种的好幻化成一只只黑蝴蝶，它们围绕着我盘旋飞舞，画出一道道忧伤，飞成一片片寂寞。

我不愿——也不想——让父亲心中存留我哭泣的回忆。如果，我给父亲留下的只有背影，没有泪水，父亲一定不会感到伤心难过。

我想起父亲快乐得像个孩子的情景，想起他脸上沉沉暮霭一样的忧伤，想起他清澈纯净的笑容，想起他如寒冰一样坚定的神情……

父亲一直是个坚强的人，我从没见过他哭泣，没有！并不是父亲吝啬泪水，而是他活得够坚强。

父亲这次要去遥远的浙江，不知道他什么时候回来。我知道我会想他，会担心他，会害怕他出事，会在伸手不见五指的黑暗中惶恐地抱住父亲给我买的玩具兔子，然后拉着它的长耳朵问它：“你知道爸爸什么时候回来吗？”

123

黑暗会代替它回答我：“不知道。”

我头脑很清醒，我明白父亲希望他的女儿快乐地生活。但是，此时此刻，我除了流泪，还能干什么？

机场的灯光昏暗，不足以融化寒冷。

父亲走了。

我还是哭了，泪水是突然间流出来的。

许　愿

司　南

　　一连几天的阴雨天终于在黄昏时变晴了。晚饭后，我特意来到院子里，看了看久违了的晴朗夜空。今晚的月亮又大又圆，无数大大小小的星星镶嵌在黛青色的天幕上，眨巴着可爱的眼睛。我正看得入了迷，忽然东南方的天空上划过了一颗闪亮的流星，它拖着长长的尾巴，犹如突然间划着的一根火柴。我猛然想起，奶奶说过，在流星落下之前，快速地许下一个心愿，愿望就能实现……我心中念叨已久的一个心愿已经默默许下了。我的这个心愿也是全班同学的心愿，那就是希望我们的王老师能快点儿回来。

　　是啊！王老师离开我们远赴日本探亲已经二十天了。在这些日子里，我们每天都在想念她——想念她灿烂的笑容，想念她动听的声音。每次语文课的上课铃响过，我们都希望走进教室的是王老师。带着几许满足和几多期待，我进入了梦乡。我梦见王老师真的回来了，同学们围着她问这问那，王老师给我们讲了许多在日本的见闻，还带回来许多樱花，要给我们每人一朵呢……

　　第二天早上，我早早地来到学校，快步走进教室，我见教室里没有昨晚梦中的情景，又向同学们打听，同学们都摇了摇头。昨晚的愿望怎么没实现呢？是我心不诚还是流星落得太快了呢？眼泪在我眼眶里直打转。

晚上，当天空中的星星模模糊糊地出现时，我就坐在院子里盯着天空，等待着流星的再次出现……

签字的故事

彭浩宇

　　早上起来，睡眼蒙眬，哎呀，英语课的字还没签呢，我掏出英语书，用超快的速度读给妈妈。读完后，妈妈满意地点了点头："嗯……还行。"到了学校，英语老师散步一样检查签字。我心里一片光明，反正签了字了，此时没签的同学都自觉站了起来。我翻开英语书，啊！发生了一件令人郁闷的事，妈妈竟然没签字。老师晃晃悠悠地走了过来。啊，怎么办呀？真是欲哭无泪。"我读了，我妈没给签！"说完我觉得不如不说。"站起来！"

　　哇！我考了全班第一。老师让同学们把卷子拿回家签字，哼哼，根本不用愁，回到家我把试卷"啪"一声扣在桌上，妈妈拿着试卷不住点头，"不错，不错，给你签字！"于是，中性笔龙飞凤舞地写下四个字：继续努力！

　　好痛苦啊！数学考了八十三分，可是呀，老师又让签字，我只得把试卷递给妈妈，连正眼都不敢看她一眼。不过妈妈还算"宽宏大量"，只是淡淡地说："下次努力。"

　　老师只顾"阅"这一字，难道"阅"就能提高成绩吗？我不明白。

爸爸妈妈，回来吧

王　丹

　　春节刚过，爸爸妈妈又要去外地打工，请隔壁的一位老奶奶代为照顾我和弟弟的生活。临走前，妈妈再三嘱咐我："丹丹，我们走后，你就是一家之长了，你可要好好地管教你弟弟哟！"我无可奈何地点了点头。

　　为了造房子、置家具，过上富裕的生活，爸爸妈妈常年在外地奔波操劳，一年中最多有两个月待在家里。可弟弟是个有名的淘气鬼，学习不认真，还经常打架闹事，惹大家生气。

　　每天放学后，我总要先督促弟弟认真地完成作业，然后才动手做我自己的，一不留神，弟弟就会溜出去，我得出去找好半天，才能找他回来吃饭。

　　记得一个星期六的下午，弟弟吃完午饭出去后，一直到晚上还不见他回来。我和老奶奶急得在村子里到处找。8点多，弟弟拎着一串螃蟹满身污泥地回来了，原来他与一位伙伴去挖了一下午的蟹，顺便又在他家吃了晚饭。我真想狠狠地打他一巴掌，结果自己倒先哭了起来。

　　老奶奶虽然给了我们很大的帮助，可她毕竟代替不了父母呀。前天晚上，我被"哎哟、哎哟"的呻吟声惊醒，起床一看，弟弟肚子疼，疼得脸色发青，头上直冒冷汗。我吓呆了，怎么办呢？深更半夜的，吵醒老奶奶，我觉得过意不去。上医院？路那么远，我一个女孩子……望着弟弟那痛苦的神情，我一咬牙，背起他，深一脚浅一脚地向医院走去……别人总说我长得像个大人了，可弟弟在我背上就像一座山似的，压得我喘不过气来。我歇歇走走，近半小时才到了医院。医生说弟弟得了严重的肠胃炎，要住院吊盐水。我噙着泪水，呆呆地陪着弟弟，直到天亮……第二天，老师总是批评我上课不专心。

回来吧，爸爸妈妈！我不想住洋房，不想坐摩托，不想玩"小霸王"，我只希望我们一家人快乐地生活在一起！

爸爸妈妈，回来吧！

我渴望友谊

徐 瑶

我本是一名普普通通的学生，无忧无虑地生活在一个由三十二位同学组成的集体中。早上和小伙伴们一块儿上学，傍晚和同学们一块儿回家，课间和大家一起活动。上了五年级，我们班换了一位班主任，不知怎么的，竟让我这个个子小、成绩又差的小不点儿当班长。老师还语重心长地对我说："咱班纪律差，你一定要认真负责啊。"

为了班级的荣誉，为了老师对我的信任，我自从当了班长以后，就忙着维持班里的纪律。渐渐的，我发现同学们和我疏远了。男同学常常捉弄我，因为我把他们的名字记上了班级日记；女同学嫉妒我，因为这样一个不起眼的小不点儿却当上了班长，成了班主任的"大红人"。甚至我的好朋友也一个个离开了我。同学们和我之间好像隔了一堵厚厚的墙，我一到哪里，同学们就像躲瘟神似的避开我。

那一天课外活动时，老师要求女同学三两个一组打羽毛球。老师话音刚落，同学们马上就找好了伙伴，拿起羽毛球去玩了。同学们玩得可高兴啦，可我像被遗忘了似的，一个人孤零零地站在操场上。初冬的寒风迎面吹来，吹得我直发抖，我觉得自己就像是《惊弓之鸟》中的那只受伤而独行的孤雁。

同学们，你们能还给我友谊吗？让我这只掉队的孤雁重新回到雁群中吧。其实我觉得自己并没有做错，身为班长，帮助老师管理好班级的纪律，那是理所当然的事呀。虽然我常进出办公室，但是我从不向老师打小报告，甚至同学们给我取绰号、割断我的跳绳这些事，我都没有告诉老师。虽然我是班长，但是我从不放松对自己的要求，违反了纪律，照样挨批评，而且比你们还……我想同学们大概认为我的成绩差，或者身上还有很多很多的缺点，不够资格当班长吧！可是我也在努力啊，也想为我们的班级出一份力啊！

同学们，当你们有说有笑的时候，有没有注意到躲在角落里一声不吭的那个小不点儿呢？那就是我呀！老师见我整天愁眉苦脸、闷闷不乐的样子，几次把我叫去，要我开朗点儿……是啊！我何尝不想让自己开心点儿呢，可是我每天生活在学校里，每天面对的是你们，如果你们不理解我，那我怎么高兴得起来呢？

理解我吧，同学们！我多么希望能得到你们的友谊，多么想再和你们一起游戏，一块儿上学，一齐回家呀！

爸妈，请听我说

夏　野

　　"我不是你们说的那种坏小孩儿，我的想法已经超过你们的时代……"屋里飘来阵阵悲哀的歌声。屋外的我，心里如歌声一样悲哀，呆呆地望着那弯新月。月亮不像从前那样皎洁了，变得暗淡无光，似乎在向我诉说，似乎在为我哭泣……

　　"你就考这样的成绩！像你这样只配扫大街，拉大粪……"爸爸那充满怒气的话回响在我的耳旁。我的心在隐隐作痛。"你这坏孩子，真不听话！"我真没想到，平时爱我、惯我、宠我的妈妈会说出这样的话。难道考不了第一就要挨骂吗？我真弄不懂爸爸妈妈的心。

　　昨天，我们数学考试，平时位居榜首的我这次一落千丈——只考了个第五名！于是便招来了爸爸妈妈这样的讽刺和奚落。

　　晚上6点半，我准时开电视看动画片《小蜜蜂》。没想到刚打开电视机，爸爸便走过来，"啪"的一声关掉了电视机。那充满怒气的脸似乎使我明白了什么，我只好慢慢地走进自己的房间。身后传来"砰"的关门声，继而是爸爸的奚落："……考了个第五，还想看电视……"我实在听不下去了，捂着脸跑出屋子。

　　我望着空中那闪烁的小星星，它们似乎在对我说："不要泄气。天下无难事，只怕有心人。"我听了勇气倍增。可当我想到父母那冷

129

勇敢面对

漠的脸时，心中的勇气就泄了一半。

爸爸妈妈，我知道你们望子成龙心切，可你们知道自己的儿子吗？！在我的心陷入深谷的时候，需要的是关怀与支持，而不是讽刺和奚落！

爸爸妈妈，你们常说我这不好那不好，我何尝不想学好！可在你们的眼里我是个不听话的坏孩子！

爸爸妈妈，请听我说："我不是你们说的那种坏小孩儿！"

丢失的友谊

曾思思

在我们班里，我和好朋友丽琴感到极为痛苦，因为其余的女生与我俩闹不和了。

这都是因为上次的期中考试，我和丽琴被选到辅导区参加考试，得了第一名，获了奖，她们不知是出于妒忌还是其他原因，跟我俩疏远了。

上课时，她们有题不会做，宁可问男生，也不问我们。

下课了，她们不和我们说一句话，总是用那种轻视的目光看我们。有时还会送我们几句讽刺的话，刺激我和丽琴。那些话像刀子一样深深刺进我们的心里，我们感到万分痛苦。回想起以前，我们女生总在一块儿讨论疑难问题，总在一块儿游戏，大家都能感到自己拥有无限快乐。可是现在……唉，失去友谊的日子不好过啊！

我们不想过这种日子，不想让她们这样对待我们俩，更不想让男生讥笑我们女生没有集体观念。再说，失去集体观念，大家的成绩也会落后，瞧，这回数学考试我们女生就没有男生考得好。

我和丽琴不想让女生落在男生后面，我们真想对其余的女生大声说一句："挽起我们的手吧。我们之间不能失去友谊！"

小徐老师

徐丽丽

我从小的理想就是当一名老师。我读四年级的时候，终于如愿以偿地拥有了一群"小学生"，他们都是邻居家的小孩儿。

每天放学以后，我就把他们召集来，让他们坐在院子当中，各自带个小板凳，算是课桌，上面还依次放着各人用的白纸和铅笔。我教他们认识"a、o、e"，给他们讲有趣的故事，还带他们一起游戏。那帮"学生"快活得像一群小天使，小院子里总是充满欢乐的笑声。

记得我第一次教他们学拼音，有位特别调皮的小女孩儿叫小玲，她不像其他小孩儿安分，一会儿玩玩铅笔，一会儿又把纸卷起来，好久没写几个字。我立刻把眼一瞪，叫她站起来，狠狠地训了她一顿。小玲哪见过这场面呀，一下子吓得哭了起来。我一看，心里也很紧张，于是我努力把脸绷得紧紧的，装出一副严肃相，小玲只好乖乖地坐下抄起来。

该下课了，"学生们"抄写完字母，我给他们打了分数，还给每个“学生”发了奖品——只不过是一块糖罢了。在发奖的时候，我故意挑了一块最不好吃的糖给了小玲，她看了看自己手中的，又看了看别人的，小嘴噘得能挂上个油瓶，眼泪又忍不住流了出来。我看着她的那副委屈相，忍不住偷偷地笑了……

现在，我已读五年级了，经历的事情也多了，这反而更让我怀念那段岁月，更让我懂得那份心情的美妙与可贵！

我的那帮“学生”现在大多进了幼儿园，可他们见了我，还会用甜甜的嗓音叫我一声：“小徐老师！”每当这时，我便感觉到自己是世界上最幸福的人，长大后，我一定要当一名平凡而伟大的教师！

老师的眼睛

汪亚飞

我爱老师，我更爱老师那双明媚的眼睛。老师的眼睛明亮美丽，和蔼可亲；老师的眼睛炯炯有神，明察秋毫；老师的眼睛，充满智慧、热情，使人奋进！

老师的眼睛，是心灵的窗口，是爱的喷泉，她用眼睛把关爱洒向我们。上课的时候，她的眼睛是那样的明亮，她的眼光向下面巡视，好像在告诉我们：“现在上课了，请大家集中精力，认真听讲！”当同学们听得认真、学得起劲的时候，老师的眼睛里闪烁着亲切的光芒，那眼神使人更加努力了。假如同学们上课开小差、做小动作、乱讲话，老师的眼睛里又放射出威严的光芒，催人上进，使那些同学马

上改正了错误。

每当我们取得成功的时候，老师的眼睛是那么美丽，那么欢乐，同时又提醒我们不要骄傲。每当我们受到挫折、遇到困难的时候，老师的眼睛又是那样深情，那么沉静，像温暖的阳光洒在我们身上，促使我们勇敢地从地上爬了起来，去战胜困难。

老师的眼睛，是明媚的阳光，是春天的雨露，是催人奋进的号角，随时都在关注着我们，给我们信心，给我们力量，使我们在成长的道路上一步一个脚印地向前挺进。

老师，我忘不了你那辛勤的教导，忘不了你对我的关心和爱护，更忘不了你那双装满智慧、慈爱的眼睛！

有趣的龙哥

赵 丽

133

五年级时，我们班新换了一个社会老师。因为他姓龙，而且个头儿绝不低于打篮球的樱木花道，更重要的是，他与我们很亲近，所以，同学们亲切地称呼他为"龙哥"。龙哥小小的眼睛，哑哑的声音，憨憨的笑，都给我留下了非常深刻的印象。

龙哥给我们上第一节课的情景，我至今还记得。刚打铃，他便站在了教室门口。因为他"海拔"太高，所以，进门时还要把头稍稍地低一下才行。当时，我就坐在挨门口的座位上，想看到他的脸，还要把头仰得高高的才行。龙哥走向讲台时，身子还往前一倾一倾的，和鸡啄米一样，有趣极了！他一上讲台，嘈杂的教室顿时变得鸦雀无声。

大约过了五秒钟，龙哥突然喊了一声："上——课——！"这一喊，吓得我们"唰"地一下，像椅子上安了弹簧一样，齐刷刷地被"弹"了起来。

龙哥讲课的时候才有趣哩！讲着讲着，突然把手向前一翻，腰一弓，说："请这位同学回答问题。"那样子就像个风度翩翩的绅士，真逗人！还有一次，龙哥讲《开国大典》那一课，当讲到毛主席宣布新中国成立时，他庄严地学着毛主席的样子，摘下帽子在空中一挥，用纯正的湖南口音说："中华人民共和国中央人民政府今天成立了！"话刚说完，教室里顿时沸腾起来了！有的议论纷纷，有的鼓掌叫好，有的大声喊："再来一次！"

虽然现在龙哥已经不教我们了，但是那些男生在学校碰到他，总不忘说一声："龙哥好！"而他，先是一愣，然后就慈慈地一笑，说："好！"

134

如今回想起过去的社会课，我总会高兴得笑出声来。

有趣的一课

戎　燕

上课铃声刚响，张老师托着一个果盘走进教室，盘内摆放着七只苹果，个个色泽鲜艳，散发着诱人的香味。她说，这节课将带领大家认识一下苹果家族中几个不同的成员。

咦？苹果家族？大家赶紧睁大眼睛侧耳倾听。

"盘子中间个儿最大、红得最为可爱的是红星苹果。这种苹果是中熟品种，而四川的黄魁是早熟品种，每年六月初就能上市。"张老师娓娓道来，"右边紧挨着红星苹果、果蒂粗短的是富士。这个品种水分多，味甜好吃。大多数水果店都把这一族待为上宾，还竖一个'正宗红富士'的标牌。"

张老师又指了指盘子左侧，说："色黄，皮上有星星一样的小点儿的是金帅。向阳一面发红的是国光。它又分'大国光''小国光'两个分支。国光苹果水分多，甜中略带点儿酸，大人们很喜欢吃……"

时间不知不觉就过去了，很快就要下课了。

张老师微笑着说："苹果含有丰富的糖类、维生素和人体需要的矿物质，是世界四大水果之一，又称'记忆之果'。它是温带果树，适宜在沙壤中生长，长江以北的省份大都栽培苹果，山东烟台苹果最为闻名。两三千年前我们的祖先就开始种植、食用、研究苹果，我国的种植面积居世界首位。""哇——"同学们惊呼起来。

135

最后，张老师说："今天，老师给你们介绍的还只是苹果家族的一小部分，我国已栽培了一百多个品种。当然，如果你们有兴趣的话，也可以对苹果进行研究，让苹果家族越来越壮大。"

勇敢面对

伍紫阳

　　"宝剑锋从磨砺出，梅花香自苦寒来。"人生路漫漫，谁成长的过程中没有遇到过挫折呢？我在小学生活中，遇到了这样一个挫折……

　　那是一个风和日丽的上午，太阳大到让我们都不想上体育课了。老师先叫体委带我们跑两圈，我觉得体委带得太慢了，我想跑快一点儿，结果悲剧就发生了。

　　我脚不小心打滑了，而且加上他撞了我一下，我脸朝地摔了一跤，重心全落在眼睛旁，我立刻用手捂着眼睛，感觉流下的眼泪都成血了。他紧张地问我摔到哪儿了，我甩开他的手，自己一个人朝医务室走去。心想："他没有跟我道歉，没有安慰我，我决不原谅他！"我回到家就锁在厕所里，不肯出来，我照着镜子看向那已经被处理过的伤疤，心想："这真的是他的错吗？也许是我自己错了？"这些问题已经绕在我的头脑里了，两个小精灵一直在那里吵架，我打开了门，妈妈说："一切都会过去的，没事的。"

　　我要去上学了，快马加鞭地向学校跑去，忽然我的脚步慢了下来，远处一位小弟弟正开心地骑着一辆自行车，也许他还不太熟吧，从车上摔了下来。我本以为他会哇哇大哭，可他并没有，只是拍拍灰

挽扶着自行车站了起来，还往我这边笑了笑。我心里顿时暖了下，比我还小的弟弟都可以不流泪地站了起来，而我呢，却还傻傻站在原地等待他人的道歉，我知道我错了。

这件事情解决了，退一步海阔天空，我和他还是很要好。不经历些风雨，如何能见到那一道最美的彩虹呢？承受住困难，勇敢面对它，才能活得更精彩，获得想要的东西。

我该怎么办

冯　珺

我的爸爸是一家公司的经理，妈妈是老师。许多人都说，我应该是最幸福的人了，可我一点儿也不觉得幸福。

同学们，你们可知道我活得有多累啊？

别人取得好成绩，受到表扬，总是很高兴，而我却恰恰相反。一旦老师表扬我，那就是我最难受、最孤独的时候。记得那次期中考试，我语数总分名列全班第一，老师把我的名字写到了光荣榜上。下课了，我照例兴冲冲地喊几个同学一起玩。谁知，她们却冷冷地说："你那么好，我们怎配跟你玩。"我只得孤零零地回到教室里看书。现在，我最不希望老师表扬我。

我参加了学校的乐器兴趣组，杨老师见我挺好学的，就经常给我指点指点。为此，我遭到了那几个同学的围攻。一次活动课时，我正在玩，忽然一句话飘进我的耳朵："冯珺，你快去学二胡吧！杨老师会优待你的。他会一直坐在你的面前指导你，你会考到音乐学院去的，哈哈！"这刺耳的笑声像一把尖刀刺进了我的胸膛，好疼啊！我真不想再学下去了……

最令我伤心的是，有时候，我明明对别人一片真诚，也会遭到那几个人的非议。一天早上，我看见梅一琴同学穿得很少，冻得直哆嗦，我就叫她以后要多穿点儿。谁知，那几个人听了又说："你爸爸是经理，当然有人送衣服给你了，我们老百姓家没人送，当然没衣服穿了。"听了她们的话，我真恨不得走过去揍她们几拳，可我忍住了。不过，从此我每说一句话，都小心翼翼，生怕她们又找我的碴儿，说难听话。

我真不明白，我取得好成绩有什么错？老师关心我，我有什么错？爸爸是公司经理，我又有什么错？生活在这样一个充满妒忌的集体中，我觉得太累了。我该怎么办？

138

给桌子的一封信

孙起杭

亲爱的桌子：

你好！

今天我给你写信是因为我想给你道歉。你跟着我这么多年，我却伤害了你多少次，在这里我给你说一声对不起。

咱们两个已经相处很久了，算是老朋友了。可是我上次却狠狠地伤害了你。记得有一次，我因为数学课没带算题的本子，就在你那漂亮的衣服上算题。现在回想起来，你那时候应该在默默地掉眼泪吧。如今，你身上全是被画过、被撞破的痕迹。

还有一次，我因为后面有一个同学在挤我，我就一下子被挤到了你的身上。之后，你就跟你后面的桌子撞了个头破血流，还有一条腿被撞了下来。我想你现在应该还在生我的气。请你原谅我吧，看在我之后小心翼翼地把你的腿又接上的分儿上。

我知道，也不断地抱怨过自己为什么没有好好保护你，因此我一直都很惭愧。同时，你大方地让我在你的身体上写作业，我是很感谢你的。

好了，今天就聊到这里，改天我有时间再跟你聊吧。

祝你天天快乐！

你的主人：孙起杭

139

感　　动

程　　刚

生活就像一个万花筒，五彩缤纷，有人快乐，有人伤心，有人后悔……有那么一件事，至今让我感动不已。

有一天，我早早地来到了学校。呀，怎么这么早就有这么多的同学来了？我脑子里全是问号。坐到了座位上，全班同学都在认真地复习着，连一向不认真学习的范浩琪都认真复习着。我压着嗓子问我的同桌："怎么今天那么多人在复习？""因为今天要语文月考呀。"他头也不抬一下地回答道。"什么？今天语文月考？"我顿时睁大了眼睛。"对呀，怎么，你忘了？""嗯。"我回答道。

我赶紧检查考试必备的东西。"呀，尺子和铅笔跑哪儿去了？"我着急起来了。"没有了尺子，阅读题让画线的时候用什么画呀。"我自言自语地说。

铃声响了，只见语文老师拿着一摞试卷走了进来，说："今天语文题非常多，阅读题就有三道，请大家抓紧时间写。"妈呀，还有三道阅读题呢，我没有尺子和铅笔，这画线题的分数就要这样丢掉了？不行，我一定要把画线题完成！可是大家都在考试，我不能打搅他们呀。

对了，借我同桌的，可是他很小气，平时什么小东西都不肯借。正当我犹豫怎么开口向他借时，他却先开口了："是不是尺子和铅笔忘带了？我借给你。"说着，她把自己的尺子和铅笔给了我。怎么，平时小气的她，今天却这么大方？我画了以后，还给了她，并且向她道了谢。

这已经是几年前的事了，至今，我还记着这件事。这件事让我十分感动。

姥姥门前唱大戏

　　一场戏下来，热热闹闹，酣畅淋漓，锣鼓齐鸣，二胡拉响，情景渲染得十分到位，该凄凉时水袖一抛惹人落泪，该欢喜时感触满满笑由心生……

给爸爸的信

乔奕铖

亲爱的爸爸：

您好！

我现在担任了戒酒局、反吵架局和禁烟局局长，您的十大罪状如下：第一，您酒后对亲人发脾气；第二，每天吸烟破坏空气；第三，和妈妈吵架闹别扭……经妈妈同意，欢迎您来到家庭法院，由我亲自审判。

当然，审判自己的亲生父亲，我也会心软。可是，为了家庭利益，我必须狠下心来，请您提前做好心理准备。要知道，我们家的家规特别严，如果您不做好辩护，那您就会被宣判。现在，我开始宣判，判被告爸爸一年之内，除了大年三十那天晚上，可以吸一支烟、喝一瓶酒以外，其余时间不能吸烟，不能喝酒。如果酒后要发脾气，就请对着镜子发。当然，为了对您公平一点儿，我会让妈妈不要和您吵架。

爸爸，请问这个宣判结果您满意吗？如若不服，那您要等到下一年的大年三十才能吸烟喝酒。如果还犯，就一倍一倍地翻上去，直至您终身不能吸烟喝酒。

您的儿子：乔奕铖

温暖的家

魏　然

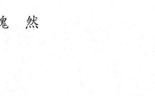

我有一个温暖的家，家中有善解人意的老爸和细心精干的老妈。

家是一缕明媚的阳光，可以温暖我的心田。记得有一次，我和朋友相约周六去新华书店买书，谁知在寒风中等了好久，始终不见朋友的踪影。我闷闷不乐地回到家，把自己关进房间生闷气。这时，爸爸轻轻地走进来，端着一杯热腾腾的牛奶，握住我冰凉的手说："我的小宝贝为什么不开心呀？"我哭丧着脸说："说好一起的，她真是个言而无信的家伙。"爸爸摸着我的头微笑着说："每个人都有疏忽的时候，也许她忘了，也许她有更重要的事情……要宽容一点儿。"爸爸这一番和煦春风般的话语吹走了我心底的寒意，我有这样一位善解人意的爸爸，我还有什么理由不开心呢？

家是一条叮咚流淌的小溪，带走了我无数的烦恼。放学了，我背着沉重的大书包，摇摇摆摆地走在回家的路上，耳畔还回荡着老师批评的声音，再想到回家要做那么多作业，我的头昏昏沉沉的，心情也糟糕透了！回到家，妈妈看出了我的烦躁，她说："作业多，不用怕！统统拿出来，分分类。"说完，便陪着我一起将作业分类。在妈妈的帮助下，我很快进入了学习状态。

家对我而言，是一个温馨的港湾，是一台烦恼的吸尘器，是一把打开快乐天堂的钥匙。我爱我家，更爱我的爸爸和妈妈。

古怪的爷爷

林珍珍

我的爷爷是个古怪的人，说坏也不坏，说好也不好。

爷爷有两样"宠物"，一样是花，另一样是我。有一回，我们班自然老师要我们带一些花籽去做实验，我便在星期五晚上去爷爷家找他要。爷爷说："行啊，你想要还有什么说的，明天来拿就是。"可到了第二天，我找到爷爷，爷爷却说："今天我有事，明天再弄。"说完就骑上车子，走了。我问奶奶："爷爷怎么这么不守信用呀？"奶奶说："他们单位打电话找他有事。这老头儿，退休了还这么爱管闲事，能有什么了不得的事情嘛！"

爷爷退休了就是闲不住，不但养了许多花，还养了许多鸡和鸭，把家门口弄得脏死了。有一回，我跟爷爷说："爷爷，你只养养花不好吗，养这些鸡啊鸭的多脏呀，干脆杀了吃算了。"爷爷没说什么，站在那儿想了一会儿，说："好吧，过几天请你吃鸡和鸭。"

可等了一天又一天，爷爷却一点儿动静也没有。我生气了，去向爷爷问罪。爷爷说："我昨天晚上做了个梦，梦见鸡对我说：'不能杀我，否则老天爷会处罚你的。'"我知道爷爷是蒙我的，就去找奶奶。奶奶说："杀了那些鸡鸭，你爷爷闲着没事干怎么办，还不在家闷坏了？"我说："人家许多爷爷奶奶喜欢打麻将，干脆叫爷爷迷

上麻将得了。"奶奶说："我们多少人都劝过他，他说那都是歪门邪道。"

你说我爷爷怪不怪？

珍惜一杯茶

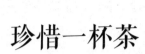

宋欣颖

时间的脚步沧桑了岁月的年华，古老的城墙刻满了流年的沙。现在想来，生活中，我们可能会忽略的一些事，往往最值得我们去珍惜。

那天早晨，我睡得正香，就被妈妈吵醒了，我只好极不情愿地爬起来，开始一天的生活。上学之前，妈妈照例为我准备了一杯茶，让我带到学校，让我瞌睡的时候喝上一口，瞬间清醒脑子。可不知怎么的，我忽然不想带了，径直与妈妈争吵起来，不想在推搡之间，一失手，杯子掉在地上，碎了。我提起书包，向学校跑去，飘了一屋子的茶香气，被我甩在了身后。

中午起床的时候，面对黑沉沉的天空，我担心起来。压抑的空气，预示着暴风雨将要来临。我一摸书包，没带伞。这时，一声闷雷在天空炸响，接着一道闪电划过天际，雨，倾盆而下。我看看时间，不晚，再等等，一会儿可能就小了——我心存侥幸。雨越下越大，我咬咬牙，冲进雨中。

经历重重困难，我来到了教室。鞋子全湿了，裤子湿了下半截

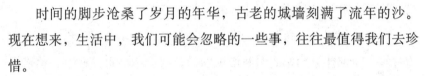

儿，"战绩"辉煌。风吹过来，我打了个寒战，缩成一团。

终于熬到了第三节课下课。我的脚已经毫无知觉，麻木着。班主任过来了，告诉我放学到大门口，我妈妈来看我。我想起早上的事，不知该怎样面对妈妈。更冷了。

放学了，同学们都出去了，我才缓缓地站起身，推开门，走出教室。风吹着我，我飞快地走着，却希望路能再长一些，再长一些……可是，该来的还是会来，我看见了妈妈，妈妈打着伞，拿着一个包，站在雨中。我的心提了起来。

妈妈一见我，就把伞递给我，又递给我一个杯子。杯子中装满了热水，茶叶漂在上面，水变绿了。我捧着杯子，手里暖暖的，口里说不出话来。妈妈只微微笑着，催促我快喝，别凉了。我低下头，咕嘟咕嘟，咕嘟咕嘟，几口喝完。感觉心里满满的，不知是茶水的暖还是妈妈的爱；眼前蒙蒙的，不知是雨水还是泪水。

现在，妈妈还是每天都为我准备一杯茶，我学会了珍惜。每次喝的时候，我都能感到妈妈对我浓浓的爱。我会珍惜每一杯茶，珍惜妈妈对我的每一份爱。

146

绿意闪现

方　舒

窗台上的花盆中，安静地深埋着一颗小小的种子。

我坐在书桌前，望着那个花盆发呆。一颗埋在其中的种子，似乎只有黑暗陪伴，无穷无尽的黑暗。

窗外风大了，拍打着窗户。浓浓的乌云散布在空中，越来越浓厚。花盆中的沙土开始缓慢滚动。一小滴雨珠落入花盆中，紧接着，一滴，又一滴，我心中悄悄一紧，只觉呼吸有几分沉闷。

忽然，门开了。你进来了。

紧缩的双眉，阴沉的面色，极度愤怒的目光，我心中一阵忐忑：难道被发现了？

你看了我一眼，一言不发地走到电脑桌前，原本就温度极低的空气，一下子降至冰点，近乎于凝固。

我同样没说话，强制淡定的脸庞上有一丝紧张。我不自然地坐在椅子上，大气也不敢出一下。

时间一分一秒过去了，我原本一片空白的大脑渐渐活跃起来。心中自责、后悔的情绪翻腾着，夹了那么一点点的希望。

唉，我为什么要干这件事呢？明明知道不能做。可是，我实在是喜欢看呀。别人可以看，什么时候都可以，我要求也不高，写完作业干完"活"了总可以看吧？你还是不给！节假日看总行吧？还是不给！那……那我只好偷偷看了。

沉默，还是沉默。无尽的沉默。

终于，你冷冷的声音响起："给你手机是干什么的？"

"学习……"我小声地回应道。

"那你拿手机干什么的？"你声音越发冰冷，让我不由自主地想缩起来，缩成一个团，蹲在角落里，让别人看不见才好。

"看……看漫画。"

你冷冷地看了我半晌，我大气不敢出一个。你起身出去了。

我仿佛抽尽了所有力气，瘫坐在椅子上。

不关我的事，是你不给我看，我又想看，只能偷偷上网了。再说就算我不想看，在学校同学们给我看，我一样想看啊！

我在心中不满地想着，由原来还有的几分后悔，渐变成不满与辩护。

不满的情绪愈加浓烈，手不断搓捻着衣角。但在下一秒，一个小小的声音在心中响起。

但不管怎么说，是你错了啊。爸爸已经不让你干了，你还要干，挨骂是应该的。

泪水悄然浸满眼眶，为自己的辩护而羞愧。

很多时候，我们做错了事，第一件想干的事，恐怕就是为自己辩护，找理由。可我们已经长大了，应该要为自己的行为买单了。

这也是你一直希望我明白的吧？我明白了，我长大了，我懂了。

恍惚间，窗台外雨大了，而那花盆中一抹绿意闪现。

妈妈，谢谢你的爱

张靖苑

是谁陪我看花开花落，是谁陪我走过十几个春夏秋冬，是谁陪我度过每段坎坷时光……是你——我的妈妈。感谢你给了我那么多的爱。

小时候你对我说："要微笑待人，因为微笑是一种美好心情的释放。"我不懂，但我照做了，不管是熟悉的人，还是陌生的，我都会给他一个灿烂的微笑。我也有收获，我收获的是他们回应的微笑。我渐渐长大，也懂得了微笑的含义，它是快乐幸福的体现。每当走在路上，我都会给予他们微笑，他们可能会诧异于一个素未相识的人向自己微笑，但出于礼貌，他们也会回你一个微笑，这让我朋友多了。每当我伤心难过的时候我就会提醒自己微笑，不一会儿，心里的难过会渐渐退去。心中的巨石也渐渐消失。妈妈，谢谢你给我一颗积极乐观的心和一群活泼阳光的朋友。

每当我遇到困难的时候，你总会帮我解决，我渐渐长大，你也慢慢开始放手，让我自己来，自己做。开始，我以为你不爱我不想帮我，可后来我明白了你的用心良苦，妈妈，谢谢你，给了我坚强不屈、自立自强的性格。

我在长大，你也在老去，你总说些矛盾的话，说快长吧，长大了就不用操心了。但你也经常说，真希望我慢些长大，这样你还能再抱着我久些。

妈妈，你为我付出太多了。你让我过上了衣食无忧的生活，你让我懂得了人生的道理，你总是做我遮风避雨的港湾。妈妈，你对我的付出，我这一生都偿还不完。

妈妈，你为我付出了太多！

奶奶的爱

何 苗

我的奶奶年过七十。脸上皱纹很深，面容慈祥，头发花白，但精神矍铄！由于长年劳作，手指关节变得粗大，背也像月亮一样弯弯的。

我爱我的奶奶。尽管我也曾对她有过埋怨，怨她有时对我的误解，甚至还有"暴力"。但随着时间的流逝，我慢慢地长大，我更多地感受到了奶奶对我天然的爱！爱得不加掩饰，不计回报。闭上眼睛，许多往事都历历在目。

记得有天傍晚放学时，突然下了好大的雨，雷电一闪一闪，像要撕裂整片天空，很是可怕。还有引雨伴舞的风，围着我绕来绕去，我的全身湿透了，也冷极了。看到同学们一个个先后被家人接走，我感到特别的孤独和无助！就在这时，一位熟悉的身影突然出现在我眼前：我的奶奶弓着瘦小的身子，满脸焦急，凑到了我的身边。我仔细一看，奶奶一手拿着伞，一手拿着大衣，由于走得急，裤子和鞋子都已经湿透了。我突然鼻子一酸，但我忍住没有哭，只是紧紧抓住奶奶的手，我只觉得雨伞之下是满满的亲情和爱意！我在心里一直叨念："奶奶，我爱您！今后我一定要报答您！"

奶奶，我的好奶奶！感谢您对我的爱，感谢您陪伴我十一年，我希望还有十二年、十三年、十四年……直到永远。

150

温情的对话

山嘉璐

记不起从什么时候开始，在每天睡觉前，我总会看到妈妈坐在电话机旁，心不在焉地看着书，她还会时不时地抬起头来，望一望墙上的钟表。"嘀嗒、嘀嗒……"挂钟在百无聊赖地转着圈子。

突然，"叮——叮——叮——"钟敲响起来，总共十下。这是我上床睡觉的时间，而每当这个时候，妈妈就会立刻放下书本，迅速地拿起话筒，轻巧熟练地按着电话键上的按钮，电话键的声音既清脆，又悦耳。然后静静地等待电话那头接起，这一刻，妈妈脸上的表情总是显得那么愉快！

这是我们家每天晚上10点钟的固定"节目"，妈妈会准时给住在老家的姥姥通电话。

"喂——？"几秒钟后，从听筒中传出一个亲切的和缓的声音——这声音是姥姥的。

"喂，妈，你睡了吗——？"妈妈这时也用家乡话，也拖着长腔，回应着姥姥。

"哦——是凤秋啊！"姥姥唤着母亲的小名。听着那语调，直让我回想起了妈妈叫我小名时的那种温柔。"没睡。"姥姥赶忙回答。

"这么晚了，您怎么还没睡呀？"妈妈像一个小孩子一样埋怨着姥姥，"我不是说过了嘛，今天可能有事就不跟您通话了。"

"当然是在等你的电话啦！"姥姥在电话那头咯咯地笑了起来，谁也不知她在高兴些什么。

通常情况下，她们总是会像这样聊很久，从不低于一个小时。她们聊的，无非只是姥姥村里的谁谁谁娶媳妇啦，谁谁谁生孩子啦，谁谁谁去打工啦，好久没回来，等等等等诸如此类的鸡毛蒜皮的小事。我也从来不注重于听她们的谈话内容，我所注重的，是她们说话时那浓浓的乡音，那种虽然听起来土里土气，但却让人感受到温暖的家乡话的语调。

看着妈妈满脸荡漾着的幸福，我的心中突然似乎明白了些什么——原来亲人之间的感情，不一定非要每日相见，因为会有山水阻隔，但是一根电话线就足以让母女两个心满意足；也不一定非要每天通话，因为线路会出现故障，这时只需要在她们的心中能够悄悄地彼此挂念。

过年真好

王劲升

腊月二十九一过，便是除夕和春节了。"大人望种田，孩子望过年。"说得真对，在鞭炮声的祝福中，我一骨碌爬起来，辞旧迎新——和老爸贴春联。

火红的对联贴出了喜庆，我笑呵呵地缠着老爸讨红包："老爸新年快乐……我的红包呢？"老爸笑出声来，右手立刻从兜里掏出个红包来。"给给给，新年快乐！"我跳得老高，一把接过红包，银铃般的笑声充满了整座房子。

正午一到，一家人便吃团圆饭了。吃饭前，老爸会先到院子里放一挂鞭，在噼里啪啦的响亮中，妈妈将热气腾腾的饺子和其他各种美食端上了餐桌，一家人其乐融融，热闹的声音飘出了院子。

第二天，街坊四邻忙着串门拜年。我爱热闹，跟着老爸挨家挨户拜年。"叔叔新年快乐，祝您走红运发大财！""好好好！真乖！"满满的祝福语承载着满满的爱，所到之处，只见得各家主人笑眯眯地给我水果、饼干，小荷包被塞得满满的。

"过年好，家家户户放鞭炮……"儿歌萦绕耳畔，我在这火热的氛围中静静享受着这份喜悦——过年真好！

做面食，贺新春

吴文源

都说团聚看起来很容易，但实际上又最不容易，除夕前一天，我们一家女眷便借这短暂的岁末时光，亲自上手烹制贺岁迎春的美食。这即将要做的，其实并不难，只不过是将一团团揉好的面做出各种样式，再放入油锅里炸，等它们呈现出酥酥脆脆的外表，就能够大快朵颐了。这种食物有个颇有趣的名字，叫作"炸面叶"。

我洗净手后，便愣愣地站在原地，看着巧手的妈妈往还未完全融合的水与面粉中加蛋清，三下两下揉作一团。待到它表面也光滑整洁了，内里也韧性十足了，就在面团上盖了一块洁净的毛巾，随后还需等待一段时间。我和姐姐将菜刀冲洗擦拭完毕，"磨刀霍霍向面团"。

不久之后，在妈妈和小姨的指导下，我俩就开始完成最主要的工序了。一开始切割面团时，倒是十分容易，哪怕我们执刀的姿势还不是完全娴熟，切好它的一个个小分身也是不在话下。可是接下来，想象力丰富的我们俩，或许是因为脑子里主意太多太繁杂，对着满桌白花花的小面团竟无从下手，只敢先比比画画构思想象，不敢实践，生怕一不妥帖就弄毁了一个。

旁观的小姨都看不过眼了，让我们上交菜刀好好看着。只见她刀

姥姥门前唱大戏

刀下去干净利落毫不迟疑，不过十几秒工夫就揉压摆弄出一个最传统的三角样式。她只是举了个简单的例子便不再动手，示意我们姐妹俩放心大胆地发挥创意，如果真的搞砸了再善后也不迟。在小姨的鼓励下，我们消除顾虑，袖子挽得高高，开始大胆干了起来。再看看桌子上，姐姐捏出的面叶造型凌乱，我的杰作更是让人不忍直视。

"哎，下锅啦，下锅啦！"欢快的叫嚷声中，烧开的油锅里，一枚枚被玩出新花样的面叶逐渐变得澄黄酥脆，我和姐姐眼疾手快地捞起一些品尝，刚出锅时热腾腾的还带着几分嚼劲儿，火候正好，不由得心花怒放，齐声称赞："真好吃呀！"

姥姥门前唱大戏

154

乔 珊

我家附近有一间剧院，正月这几天演花鼓戏。这一天，我兴高采烈地拉上妈妈与外婆共同前去捧场。

要说这花鼓戏的妙处，便是朴实活泼，还有几分明快，融入了当地特色与劳动人民的生活；就连音乐也是民间乐器所演奏，营造出浓郁的气氛；唱腔和对白更直接糅入地方的方言，让观众易懂，契合其"源自生活，高于生活"的主题，较容易让人入情入境。整体而言，就是一种俗中有雅的民间艺术。

我们看的这一出，是讲述一名善良的富家女子三番两次被继母与妹妹陷害，最终逼不得已，在好心兄长与忠诚仆人的帮助下得以上京申冤成功，而心肠歹毒的人终究是走上了害己的路。

　　一场戏下来，热热闹闹酣畅淋漓，锣鼓齐鸣，二胡拉响，情景渲染得十分到位，该凄凉时水袖一抛惹人落泪，该欢喜时感触满满笑由心生。这出戏中，无论是兄妹亲情，还是主仆恩浓，抑或是继母妹妹悲凉的结局警告人们不要贪图利欲，都以十分通俗浅显的方式呈现在人们眼前，不必言明然而心中自知。

　　外婆年纪大了，平时看电视总是打瞌睡，往往八九点就要睡觉。然而这次的戏足足从7点演到9点，坐在我身边的外婆竟一直没有困意，眉眼不时映出光彩，看得特别投入。

　　这是我头一次看花鼓戏，不能说被牢牢地抓住了情绪，但也是全身心都投入到了其中，去细细体会这种流传多年的民俗演出。戏终散场，我依旧在琢磨戏里演员的一个动作，一个唱腔，或许看似普通的，偏又最韵味十足吧。

155

春 节 赏 景

殷泽芹

　　这个春节，我们家中特别热闹，这是因为小姨携着一家人迢迢千里从苏州赶回陕西过年。

　　小姨多年前远嫁南方，大家一两年才能聚上一次。他们不辞辛苦远来难得，我们自然要好好珍惜，于是就安排了一个天气温凉适宜的日子，一起去被誉为"秦岭第一仙境，天下最险道观"的塔云山，赏景祈福。

　　登山的时候，我和姐姐一起走在最前面。这塔云山虽比不上华山那样天险，但该让人冷汗直冒的地方还是一点儿都不含糊。上山时累得上气不接下气便不说了，下山的时候，到了真正陡峭处，台阶便显得有些高而密集，一个连着一个，十分紧凑危险。而这时，姐姐就会松开我的手，先下去探路。

　　我站在高一些的地方，看着她面色专注，左手牢牢抓住栏杆，脚紧贴着台阶侧面，一寸一寸试探着伸下去，直到稳稳当当地踩好，然后再换另一只脚，就这样小心翼翼地到了平缓处，才仿佛放下高悬的一颗心。我见她已经安全过了这段路，便也准备照猫画虎攀着栏杆往下走，无意间一抬眼，却看见姐姐站在下面，神情很认真，微微张开双臂，似乎是怕我站不稳，想伸出手来帮我一把。看着她这样一本正经的模样，我突然之间觉得有点儿好笑，但是并不能完全说清楚那一刻心里的感受，只一点儿一点儿谨慎地下了石阶，紧绷的心弦还是松弛了许多。到最后一步的时候，她凑得更近了点儿，我终究卸掉了那些紧张，把手撑在她前来扶我的胳膊上，轻轻跳下去。

　　再回头去看那些步履稍慢的大人，外婆的两个女儿一左一右搀着她，耐心地陪她走走歇歇，不觉也到了那个危险的路口，我不禁有些好奇，腿脚相对不太便利的外婆要怎么走下去？只见妈妈在后面相扶，小姨在前方接应，远远看去，三个身影依稀重叠，是化不开的暖意。

　　我与姐姐只顾赶路，而大人们却频频凑在一起拍照，想是为了留住这美满的片刻，以后回忆时也能有所凭据。镜头中无意录入了那满山悬挂应景的红，或深或浅却无一不象征着好的兆头，与这个全家欢喜相聚的时节，再相衬不过了。

好想回到幼儿园

何 礼

　　刚打过上课铃，班上那位泼辣的女生夏仁红就叫了起来："老师来了，老师来了！"虽然大家都知道今天要考试，可是那些没有复习过的人还是禁不住慌张了起来。要知道，考差了，在学校会挨批评，回家还要被"改造"，那滋味可是不好受的。我的心里也七上八下起来。

　　过了一会儿，门前闪过一道熟悉的身影，是老师来了。只见他拿着一摞试卷走上了讲台，说："安静了，马上考试，祝大家考好！"教室里的气氛顿时紧张了起来。

　　拿到试卷，同学们就迫不及待地动起笔来，教室里只听见沙沙的答题的声音，像春蚕在咀嚼桑叶，像禾苗在吮吸水分。同学们个个神情严肃，有的浓眉紧锁趴在桌上，有的侧着脑袋冥思苦想。考场如战场，这句话没有错。你看，同学们不都投入紧张的战斗之中了吗？

　　时间过得飞快，两节课下课了，老师催着大家赶紧交卷。安静的教室里一下子沸腾起来，交卷的姿态各异：有的潇洒地走上讲台，显得胸有成竹；有的慢吞吞的，眼睛还盯着试卷不放；有的弓着腰，正在赶写最后几个字。交了卷子后，有的在翻答案，有的愁眉苦脸，有的呼天喊地，有的摇头跺脚，有的眉开眼笑。

唉，好想回到幼儿园呀，那里没有考试。

一 次 考 试

苏　瑞

那是一个阳光明媚的上午，我却压力很大。因为那天要期中考试。

我在做卷子的时候，看到我们同学书写流畅，而我却怎么也不会答那道题。我想："要不要看一下书呢？"又转念一想："不行，考试前答应过老师不看书的。"

考试结束了，我还有一些题没做上。同学们都在快快乐乐地玩耍时，我真想去看看我的成绩，但没有勇气。不用说，肯定是B了！这时，我崩溃了。我平时都是得A的。

我低着头，在校园里无精打采地走着。突然，看见老师口袋里掉出来一张脏纸，我把它捡起来扔进了垃圾桶，却被老师看到了。

几天后，卷子发了下来，老师说我的卷面成绩虽然不太好，但从我的行为中能看出我有着高贵的品格，老师就把我的成绩改成了A。

这次考试，不光是简简单单的一张试卷，更是对我心灵的一次考试。

青青杨柳

王彦杰

那次考试之后，我终于明白了"骄傲使人落后，谦虚使人进步"。

这学期的期中考试，我认真地准备、复习，一点儿都不敢放松。我的成绩突飞猛进，一下子排在了班里的前几名。

考到好成绩的我开始沾沾自喜：上课说话打扰同学，下课嬉戏打闹，回到家便将作业胡乱完成，功课也不再温习……期末考试又来了，果然，我退步了。

妈妈失望地对我摇着头，爸爸对我强颜欢笑地说了句"加油，下次努力"后，便转过头自己默默叹气……

一片枯黄的落叶随风而下，望着此时的杨柳，它像极了我。但是，我并不沮丧，春天会来，它也会发芽重绽光彩。或许，那时的我会同它一样重绽光彩……

我不相信眼泪

李　敏

天空中灰蒙蒙一片，好像一个坏脾气的老头儿，始终阴着脸，空气中到处是烦躁的气息。我望着手中这份试卷，上面勾勒的断翼残蝶还透出几丝惨淡墨香，似乎在嘲笑，又好像在讥讽我可怜的成绩，我像一只失去了方向的鸟，在黑暗中徘徊，不知道前进的方向。

抓起大衣，推开门，冲出房间，我跑到了大街上。这硕大的天地本应让我心情放松，却更加剧了我的烦躁与不安。泪水盈满眼眶，一回头，恰巧遇到了那条迎风飘来的柳絮。

那条柳絮刹那间引起了我的关注，

我细细地观察它，发现它是那样柔软细小，通体晶莹透亮，柔弱的外表下有一颗无比坚强的内心，支撑着它勇于面对风雨的挑战，更无畏挫折磨难，它始终凭借自己的力量战胜挫折困难。她是那么灵动活泼，像是光明的使者，那么生机有活力，在我的心灵庭院里，优雅飘扬。

一瞬间，我好像明白了什么，风雨袭来，柳絮顽强不屈，它没有选择消极，始终以饱满的姿态迎接挑战。即使掉落在尘埃中，化作春泥更护花，对它来说也是一种圆满。如今，这小小的柳絮携着强大的正能量向我奔来，我的心被震撼了。

是啊，柳絮如此微小却也懂得向困难挑战，坚定信念，毫不放弃，而我，正值花样年华却因一次次测验失败就垂头丧气，迷失了前进的方向，甚至几欲放弃。跟柳絮相比，我是多么卑微啊。

忽然，阳光穿过云层，温暖的阳光照射到我身上，格外温暖。是的，我也应该坚强面对生活的各项挑战。我将用柳絮带给我的希望驱走阴霾，用它赋予我的信念划破迷茫，迎接每一天的朝阳。一抬头，那柳絮仿佛正向我微笑呢。

风又起，那柳絮似乎乘着一抹阳光来到了我的心田之上，顷刻间，我的心灵世界光芒万丈。

最奇妙的旅行

梁　健

夜幕降临了，深蓝色的天空中点缀着亮闪闪的星星，我慢慢闭上了眼睛睡着了……

我梦见我登上了太空，看见了许多星星，有颗星星看见我，对我说："欢迎来到太空，这里是星星家旅。"刚说完就有一大群星星围着我转圈，还有一些小星星钻到我的脖子里，给我做了一条项链，我带上它显得格外漂亮。

我和小星星们在聊天，突然出现了一颗又大又亮的星星。小星星说："这是星星使者。"星星使者说："我带你玩吧。"我点了点头，转眼间，我到了星星游乐园。"哇！"我不禁感叹道，这里真大呀，而且游乐项目跟地球不一样，有太空迷宫、太空飞船等。我把这里的游戏项目都玩了一遍，真是好玩呀！星星使者说："再去一个地方吧！"突然，我到了太空森林，这里的大动物都变小了，小动物都变大了，而且这里的树是巧克力做的，草是薄荷糖做的，小溪是牛奶做的……我咬了一口巧克力树，真甜啊，我又喝了一口牛奶小溪，啊！真甜，真香……

"丁零零……"闹钟响了，我从床上爬起来，还忘不了那个梦，忘不了这么奇妙的旅行！

旅行伴侣

阎依彤

如果你独自架舟环游世界，如果你只能带一样东西供自己娱乐，你会选择哪一样？一本有趣的书，一盒扑克牌，还是一只口琴……

如果你问到我，我会选择一部相机。

有人感叹了，在这路上，相机除了照相，还有什么用呢？

可我认为，我在这一路上，不只是照相。

你总可以从一张照片中发现新东西，发现你想不到的东西，发现你从未见过的风景以及事物。

所以，我愿意坐在自己的船里拍一张又一张的照片，欣赏一张又一张的照片。首先，我每到一个地方，都会与那里的人拍一张照片，发现他与我们中国人的不同之处，然后再拍一些那里的风景。每个晚上，我都会躺在宾馆床上或船里，看那些照片，数着那些星星，它们总会勾起我的回忆。我还会给每一张风景照片都编一个故事，最后，我回到家后，会把所有的照片都洗出来，做个相册，有空就看一看，想想当时的情景……这真像与一个人同船而行。

　　一部相机就像是一个朋友，从某种意义上说，它是你自己的东西，因为世上没有两个人会用同一部相机拍同样的照片。

星星的故事

张　凯

　　夜幕悄悄地降临了，一颗颗美丽的小星星纷纷跳进了银河，把自己洗得亮亮的，洗完澡就去听月亮姐姐给它们讲好听的故事。

　　在银河的下面，每幢楼房里也闪烁着无数的"星星"，红的、黄的、蓝的……光彩耀眼，十分美丽。

　　马路边，排列着一盏盏路灯，顺着弯弯曲曲的马路，好似一条不见头尾的"长蛇"。一辆辆汽车飞快地驶过，又仿佛一对对流动的"星星"，不过这"星星"的速度却快得惊人。

　　幽静的田野里，一只只小萤火虫提着银白色的小灯笼在田间草丛中飞来飞去，那一只只银白的小灯笼放射出点点银光，给这和平、美丽的星之夜增添了几分活力。

　　夜慢慢静下来，星星们都进入了甜美的梦乡，等待它们的，将是一个美丽、清新的黎明。

163

写给人类的一封信

王昊峰

人类朋友们：

你们好！

我是你们的朋友地球，今天我写信来是想求你们一件事。我是你们的好朋友，但你们竟为了自己的利益伤害我。

你们发明的汽车排出的尾气严重污染着空气，导致我天天咳嗽，现在还戴上了口罩。还有，你们过度地砍伐树木，使生活在树上的鸟儿们无家可归，这让我一直掉着头发。现在，我的头发再也不像以前一样不计其数了，我的头发快没有了。你们还过度浪费能源，我的血液——河流，正在一天一天变少。这使我病得不轻，现在还躺在医院呢。在化工厂里排出的烟严重地危害着我的生命。你们看见的雨，正是我一颗一颗掉下的眼泪。我整天都在为这些事糟心，时而还偷偷地掉下眼泪。

今天我给你们写信是想提醒你们，不要继续把这件事情恶化下去。如果你们不听我的话，我敢肯定你们的城市会被黄沙所覆盖。到时候，你们便会像小鸟一样无家可归，在这个世界上生存不下去，你们会灭绝，我也会病死。请你们快点儿醒悟吧！我没有多大的需求，只希望我们能快快乐乐地生存下去，这是我最大的心愿。我多么愿意为你们做贡献啊！

好了，今天我们就聊到这里，有机会下次再聊吧！

最后祝你们的城市美丽，人民幸福安康！

你们的朋友：地球

未来的新家

高一舟

在我心中有一幅美丽而神奇的图画，那就是我未来的新家。

我未来的新家建在碧绿如茵的草地上，楼前的不远处是一片松树林。只要一有风吹动松树，我便可以听到松树动人的歌声。

家里的大门是遥控的，只要一按手中的按钮，红色的大门就自动打开了，并播放起好听的音乐欢迎我们回家。穿过长满绿草的网球场，首先看到的是雪白的墙壁、红色的窗户，好像童话故事里的场景。

我的新家很大，有大大小小二十多个房间，每个房间里都布置得非常别致。这些房间区分得很清楚，功能齐全，有客厅、厨房、游戏室、书房、储藏室等。每个房间里都有一台电脑，用来控制这个房间里的设备，这种新式的电脑只有手掌那么大，全部都是遥控的，用起来方便极了。我想去厨房倒杯咖啡喝，只要在客厅里按一下遥控器，等我走到厨房的时候，咖啡就已经泡好了。

时代在发展，人类在进步，只要我们从小立志、目光远大、勤奋

姥姥门前唱大戏

学习，未来的创新发明家必定属于我们，我坚信，这一切在不久的将来都能实现。

野猪的启示

杨书奇

在一次战争中，一支军队想使用毒气弹消灭对手。毒气弹散发出的有毒气体杀死了许许多多的人与动物。战争结束后人们发现在战场上只有一种动物生还，这种动物就是野猪。

为什么只有野猪没有被毒气弹杀死呢？科学家们费了很大的力气才揭开了答案。原来野猪的嗅觉十分敏锐，当它们闻到让自己难受的气味时，就会把鼻子埋进泥土里。毒气进入泥土时会被过滤掉，野猪就只会闻到泥土的芳香了，其他动物没有这个本事，因此就只有野猪活了下来。

科学家们了解到其中的奥秘后，就想能不能制造出一种可以防毒气的东西呢？他们立即开始研制和实验，经过不懈的努力，防毒气的"法宝"防毒面具问世了。

类似这样的例子很多，比如人们根据鲸鱼的特性发明了潜水艇，仿照鸟儿发明了飞机，受植物光合作用的启示发明了太阳能板……这样的例子数不胜数。大自然就像我们的老师，我们要虚心地向这位老师学习那取之不尽、用之不完的知识。